AF311218

LES CAISSES SYNDICALES DE CHOMAGE

EN FRANCE & EN BELGIQUE

QUESTIONS OUVRIÈRES

LES CAISSES SYNDICALES

DE

CHOMAGE

EN

FRANCE & EN BELGIQUE

PAR

CROSSON DU CORMIER

DOCTEUR EN DROIT
ATTACHÉ AU MINISTÈRE DE L'AGRICULTURE

PARIS

LIBRAIRIE CHEVALIER ET RIVIÈRE

30, RUE JACOB, (VIᵉ)

1905

BIBLIOGRAPHIE

Documents officiels

Note de l'Office du travail sur la statistique du chômage (1895).

Documents sur les Caisses de chômage (1895).

Documents sur la question du chômage.

Les Associations professionnelles ouvrières. T. I, II, III, IV.

Les Caisses de chômage. Rapport soumis à la Commission permanente du Conseil supérieur du travail, par M. Fagnot, secrétaire (1903).

Conseil supérieur du travail. 12ᵉ session. Compte-rendu (1903).

Bulletin de l'Office du travail.

Documents parlementaires

Journal Officiel. Débats de la Chambre et du Sénat.

Rapports sur les propositions de loi de :

    MM. Jouffray.

        Jules Coutant, nᵒ 458.

        Colliard, Abel Poulain, etc., nᵒ 1271.

        Chaumet, Dormoy, Siegfried, nᵒ 1690.

        Ferdinand Dubief et Millerand, nᵒ 1698.

Rapport fait au nom de la Commission d'assurance et de prévoyance sociales chargée d'examiner les propositions ci-dessus, par M. Millerand, nᵒ 1982.

Documents municipaux et départementaux

Ville de Paris :
> Proposition de M. Bussat, nᵒˢ 48 et 79.
> Discussions. Procès-verbaux 1902, nᵒ 25.
> —   —   1903, nᵒ 42.
> Proposition de M. André Lefèvre, 1904.
> Procès-verbal nᵒ 24. 7 novembre 1904.

Ville de Dijon :
> *Bulletin municipal officiel.*

Ville de Lyon :
> Règlement.

Ville de Reims :
> Projet de subvention aux caisses de chômage présenté au Conseil municipal par MM. Lefèvre, Auger et Verte.

Département du Cher.
> Conseil général. Procès-verbal des délibérations, août 1903.

Communications directes des villes de Méhun-sur-Yèvre, Bourges, Vierzon, Limoges, Amiens, Lyon, etc.

Documents syndicaux français

Statuts des Caisses de chômage de Bourges, Vierzon, Méhun-sur-Yèvre.

Statuts de différentes Caisses de Dijon, Limoges, Lyon, Amiens, Rouen, etc.

Le *Bulletin Officiel* de la Bourse du travail de Bourges.

Fédération française des Travailleurs du Livre :
> *Histoire d'une Caisse de chômage*, 1902. Instructions relatives au fonctionnement du service des secours de chômage et de maladie.
> La *Typographie française*, 1900, 1901, 1902, 1903, 1904, 1905.

Communications diverses de MM. les Secrétaires de diverses Bourses du travail

BELGIQUE

L. Varlez. *Les formes nouvelles d'assurance contre le chômage.*

Ville de Gand :
> La question du chômage.
> Rapport au Conseil communal.
> Fonds de chômage de l'agglomération gantoise. Statuts et règlement.
> Rapport sur le fonctionnement du fonds 1901-1903, par M. L. Varlez.

Revue du Travail 1900, 1901, 1902. 1903. 1904, 1905.

Ville de Bruxelles :

  Communication directe de M. le Bourgmestre.

  Conseil communal. Caisse de chômage pour les ouvriers sans travail. Rapport présenté par le Bourgmestre.

Ouvrages généraux

Banneux (L.).	*Etude sur le chômage.*
Cagninacci (H.).	*Le chômage et les moyens d'y remédier.*
Denjean (G.).	*L'assurance contre le chômage.*
Depasse (H.).	*Du travail et de ses conditions.*
Gide (Ch.).	*Les sans travail.*
Jay (R.).	*L'assurance contre le chômage et les Sociétés de secours mutuels. — Revue politique et parlementaire*, 10 février 1896.
Jannet.	*L'assurance obligatoire.*
Oket.	*Le chômage involontaire*, 1895.
Rochetin.	*Les assurances ouvrières.*
Rostand (E.).	*L'action sociale par l'initiative privée*, 1902.

N.-B. — Nous ne citons pas ici diverses communications particulières émanant de Municipalités, de Syndicats ou de Bourses du travail, dont nous avons tiré parti au courant de cet ouvrage.

INTRODUCTION

Si l'on veut bien autour de soi jeter parfois les yeux et regarder passer notre vie quotidienne, on constatera une différence profonde entre l'ouvrier et le petit fonctionnaire, l'employé de chemin de fer et tout individu en un mot qui est sûr ou presque de son revenu quotidien.

D'un côté, la quasi sécurité du lendemain, l'espoir d'une retraite, et de l'autre, le pain de chaque jour aléatoire, voilà ce qui différencie l'ouvrier de tous ceux qui vivent comme lui du produit de leur travail.

Si nous trouvons chez les uns la tendance de la fourmi économe, parcimonieuse et casanière, il sera bien difficile de ne pas comparer les autres à la cigale du bon fabuliste, consommant son bien au jour le jour et ne gardant que la pauvreté pour la saison mauvaise, la pauvreté et l'anémie physique et morale, l'anémie et la mort.

Car toute ou presque toute la question sociale réside dans ce fait que l'ouvrier incertain de sa vie ne consacre pas ou presque jamais une part de son salaire à la formation de réserves.

Deux problèmes se posent donc en ce qui concerne le salarié : éviter pour lui les tristesses du chômage, et les horreurs de la vieillesse sans pain. Le chômage doit passer en première ligne, car jamais un édifice de prévoyance sociale ne sera construit si le prévoyant ne peut régulièrement participer par la pierre de son épargne à la construction même de cet édifice. Or, le chômage lui enlève tant de fois les moyens, qu'il convient, en premier lieu, d'assurer le risque du chômage, et la permanence du pain quotidien de l'ouvrier et des siens, même quand le travail fait défaut. C'est donc un aspect de la question sociale que nous avons tenté d'examiner ici avec autant d'exactitude qu'il nous a été possible de le faire, persuadé que nous étions de la grandeur de notre sujet.

Le chômage, en effet, n'est pas seulement, à notre avis, la cause de l'insouciance ouvrière, c'est aussi le plus souvent celle de la mauvaise santé morale de ces milieux où la souffrance de la misère pénètre inopinément par le manque de travail : la misère avant-coureuse et pourvoyeuse de l'alcoolisme, de la haine aveugle et sans raison, conseillère de la révolution.

« Si vous voulez considérer notre histoire récente, disait M. Vaillant à la Chambre des Députés, le 30 novembre 1904, vous verrez par exemple qu'en 1789, c'est cette population de parias de l'ancienne industrie, de vagabonds et d'hommes rejetés des corporations, qui est devenue un des éléments les plus ardents de la révolution nouvelle et commençante.

« En 1830, la révolution ne se serait pas produite dans les conditions que vous connaissez, si le chômage des imprimeries n'avait pas jeté sur le pavé les ouvriers qui sont devenus les soldats de l'insurrection.

« En 1848, ce sont les chômeurs de cet hiver terrible qui ont été les soldats de cette insurrection qui avait commencé comme une réforme et qui est devenue une révolution par suite de la présence des chômeurs dans les rues de Paris.

« L'insurrection de juin n'est-elle pas la conséquence de la suppression provocatrice des ateliers nationaux?

« Et enfin n'est-ce pas le chômage de la guerre, le chômage du siège, qui a fait de l'ouvrier sans travail, de l'ouvrier irrité, le soldat de la Commune ? » (1).

Aurons-nous réussi à apporter notre faible contribution à l'étude captivante d'une question si com-

---

(1) *Journal Officiel* du 30 novembre 1904.

plexe et si brûlante à la fois ? Nous osons l'espérer. Mais il nous est un devoir de remercier tous ceux qui ont bien voulu nous assister de leurs conseils.

En premier lieu, M. Jay, l'éminent professeur à la Faculté de Droit de Paris, qui guida notre étude; M. Fagnot, le savant secrétaire du Conseil supérieur du Travail.

Nous devons une particulière gratitude à M. Varlez, fondateur du système gantois, qui nous documenta avec une bonne grâce toute particulière sur les résultats du fonds de chômage, que son activité et sa clairvoyance ont fait le modèle des institutions de chômage.

Il convient aussi de nous acquitter d'une dette de reconnaissance envers MM. le bourgmestre de Bruxelles, les maires de Dijon, Limoges, Bourges, Mehun-sur-Yèvre, Vierzon, Amiens et Reims ; M. Godard, adjoint au maire de Lyon.

Nous n'oublions pas non plus les renseignements consciencieux qu'a bien voulu nous adresser M. le secrétaire de la Bourse du Travail de Reims, et nous l'en remercions.

LIVRE PREMIER

LE CHOMAGE

CHAPITRE PREMIER

Ses causes. — Ses effets. — Son intensité.

CHAPITRE II

Les moyens proposés
pour prévenir ou atténuer le chômage.

CHAPITRE PREMIER

**I. Le Chômage. — II. Ses causes. — III. Ses effets.
IV. Statistique du chômage.**

I. Sans reprendre ici, à notre profit, tout ce que
la littérature économique a écrit sur le chômage, il
nous a paru utile, avant d'aborder l'étude de différents systèmes de protection contre ce mal, de le
définir lui-même et de préciser son domaine.

« Le chômage, dit M. Eugène Rostand, à Milan,
au Congrès International des accidents du travail,
est l'un des risques inhérents à l'existence de tous
ceux, ouvriers manuels ou employés, qui vivent du
labeur quotidien, et l'un des plus graves. Autant que
la maladie, la vieillesse, les accidents, la mort pré-
maturée, et avec le même caractère de perpétuelle
menace à raison de la précarité habituelle du con-
trat de louage, il trouble leur vie, il les empêche
d'améliorer leur condition en interrompant l'effort :
c'est l'ennemi qui sans cesse fait pénétrer la gêne,

puis la détresse dans les foyers jusqu'alors heureux. La difficulté de trouver du travail devrait être plus redoutée des salariés que la modicité des rémunérations. »

Ailleurs, dans un appel du Secrétariat National du Travail, l'auteur écrit : « De toutes les questions qui intéressent le monde du travail, celle du chômage est une des plus poignantes. En connaître les causes, en examiner les effets sur les conditions générales de la vie, doit être la préoccupation de tous les travailleurs conscients. »

Qu'est-ce que le chômage ? Il nous paraît indispensable, avant de poursuivre, d'en esquisser une définition ou du moins de limiter, quant à ses causes, ce manque de travail qui laisse inemployés les bras de l'ouvrier et supprime le revenu du seul capital qu'il possède : sa force vive et son intelligence.

A l'exclusion, tant du chômage volontaire individuel ou collectif, comme la grève, que du chômage involontaire causé par l'accident, l'incendie de l'usine, la maladie ou la vieillesse, tous risques qu'une assurance spéciale, patronale ou individuelle, doit garantir, *nous n'envisagerons, dans cette étude, que le chômage forcé ou saisonnier et le chômage accidentel.*

Le chômage saisonnier frappe un chiffre important de membres de la classe ouvrière (maçons, peintres, couvreurs, terrassiers, ouvriers agricoles), il est comme une triste nécessité dans un grand nombre d'industries du vêtement et, là surtout, sévit sur la femme (couturières, modistes, industrie du bronze et du jouet, etc.). « Si nous prenons le petit fabricant en chambre qui fait des jouets, des moutons, nous constatons qu'il travaille 2 ou 3 mois par an, ce n'est pas avec cela qu'il peut vivre, quand même il ferait payer cher ses moutons ! » (1). L'inéluctable certitude qui préside à son retour annuel atténue, ou peut atténuer, ses effets. S'il est prévu, le mal peut être moins grave ; l'épargne et la prévoyance sont des abris très sûrs contre ce danger. Mais l'épargne est-elle toujours possible ? Les ouvriers des industries saisonnières dont, pour la plupart, le salaire est spécialement réduit, semblent incapables de réaliser, par une épargne nécessairement minime, étant données leurs faibles ressources, une assurance efficace contre le chômage.

Cruelle ironie ! Le chômage frappe spécialement ceux qui sont le moins bien armés pour s'en défendre.

Tout autre est le chômage que nous avons appelé accidentel. Son intervention est d'autant plus redoutable qu'elle est totalement imprévue. Elle tarit d'une façon soudaine la source de vie sur laquelle l'ouvrier peut normalement compter, elle supprime ce revenu qui, si minime qu'il puisse être, assure le pain de chaque jour, s'il est continu et certain.

(1) Honoré, *Réforme Sociale*, 16 août 1896.

M. Cheysson dit, quelque part, que le budget le plus étroit peut être équilibré si les recettes qui y figurent sont certaines. Nous n'en voulons donner comme exemple que ces innombrables petits ménages d'employés de l'État ou des grandes compagnies auxquels un traitement restreint permet une vie parcimonieuse mais assurée.

Et ceci explique le mouvement sur lequel de bons esprits ont attiré notre attention. L'ouvrier auquel son intelligence eût permis l'acquisition de solides capacités professionnelles et par suite la perspective d'un salaire élevé préfère végéter, après d'innombrables démarches infructueuses pour les atteindre, dans les emplois de gendarme, de facteur ou de cantonnier.

On peut se demander si ce mal n'a pas envahi, au risque d'atrophier les énergies, toutes les classes de notre société française ? N'est-ce pas ce qu'on peut appeler le « *fonctionnarisme*, » que ce désir ardent qui hante toute famille de France : celui de faire de son fils un fonctionnaire?

Les Anglo-Saxons n'ont guère sur nous que cette supériorité véritable : leurs fils ne sont pas fascinés par cette quiétude et ce lendemain assuré, ils osent et tentent la fortune au risque d'être écrasés par elle avant de l'avoir atteinte.

II. Voilà ce qu'est le chômage. Tel est vaguement esquissé le mal dont souffre l'ouvrier, le *journalier*, si l'on veut prendre au sens large ce mot désignant celui qui vit au jour le jour.

Tout le monde reconnait le mal et déjà l'entente n'est plus aussi parfaite dès qu'il s'agit d'en envisager les causes.

Les causes du chômage ! Un exposé fort complet et fort intéressant de l'Office du Travail résume les causes du chômage. L'Office, dans un louable effort de précision, les a même groupées en un tableau. Nous ne saurions résister au désir de le reproduire ci-après.

A) *Chômage libre personnel.*
(Ne rentre pas dans le cadre de cette étude).

B) *Chômage forcé. — Immérité. — Corporatif.*

NORMAL habituel et dont l'ouvrier a plus ou moins l'habitude.	Non périodique	Attente normale d'un emploi. Métiers où le travail se fait par courtes périodes et se compose d'une série de corvées plus ou moins chanceuses. Perturbations climatériques. Certaines variations plus ou moins habituelles de la mode. Travaux extraordinaires de réparations.
ANORMAL ou INHABITUEL (Causes directes ou indirectes).		Sinistres, désastres agricoles ou autres. Perfectionnement rapide des machines ou de l'organisation du travail. Déplacement d'industrie. Fluctuation des prix. Transformation de la mode. Fermeture involontaire d'ateliers. Irrégularités de la production. Lock-outs. Mise à l'index de certaines catégories d'ouvriers. Abus de la concurrence et de la spéculation. Sweating-system, abus de l'emploi des femmes, abus de la concurrence des travailleurs entre eux. Prolongation excessive de la durée du travail. Immigration d'ouvriers étrangers. Irrégularité dans les grands travaux publics. Transformations des voies de communications et des tarifs. Changement de valeur des monnaies. Modification des débouchés à l'intérieur. Variation de la concurrence et de la production étrangères. Crise à l'étranger, modification des débouchés à l'étranger. Afflux d'ouvriers vers une industrie déterminée ou vers un centre déterminé, par suite de prospérité passagère de cette industrie. Modifications apportées par la législation aux rapports économiques.

Mais dans une telle synthèse on perçoit mal toute l'importance des éléments qui la composent. Certains, comme les progrès du machinisme, méritent une particulière attention.

Les transformations constantes du machinisme, en perpétuelle évolution, sont une cause particulièrement grave de chômage.

M. Keufer, secrétaire général de la Fédération du Livre, en connait tous les effets. La machine linotype n'a-t-elle pas, par sa récente apparition, jeté le trouble dans la classe si intéressante des travailleurs du livre?

« Lorsque de pareilles transformations se produisent il est bien difficile à un ouvrier, dit M. Keufer, de quitter son métier auquel il est habitué depuis longtemps pour se transporter ailleurs, entreprendre une autre profession, sans savoir s'il trouvera de l'ouvrage. Nous sommes tous exposés à ces crises qui deviennent de plus en plus fréquentes... De là, je le répète, nait un véritable danger et il n'y a pas de situation plus terrible pour l'ouvrier. Lorsqu'on exproprie un propriétaire, on lui alloue une indemnité; quand un travailleur est exproprié de son travail et est obligé d'émigrer, rien ne lui est accordé. »

Les continuels changements de l'industrie sont une cause aussi grave de chômage. Telle fabrique, en pleine activité, voit soudain se dresser une concurrence capable de fabriquer mieux qu'elle ou à plus bas prix. L'ancienne usine résiste rarement : elle ferme ses portes et laisse sans travail l'ensemble de ses ouvriers. Le mal sera peut-être léger pour les ouvriers non spécialisés, mais quelle sera la situation des autres? Combien durera leur chômage ?

Et puisque, dans notre état économique, la prospérité d'une usine est basée sur une sorte de monopole de fait, la fréquence est infinie d'une pareille cause de chômage.

Parlerons-nous aussi de la plus brutale de toutes les causes de chômage, celle que les patrons appellent « *La réduction des frais généraux* » ?

Que d'ouvriers, chaque année, d'ouvriers bien tranquilles, se voient, avec quelques vaines paroles de regret, arrachés à leur quiétude !

Des heures supplémentaires, demandées au personnel restant et qui, redoutant pour lui-même un renvoi, les accepte bon gré mal gré, des femmes et des enfants, travailleurs au rabais, effectueront la besogne restée en souffrance et occuperont, auprès des machines, les places rendues libres.

Il ne faut sans doute pas trop en accuser les patrons, mais nous devons, en constatant le fait, le déplorer. Accuser le patron de cruauté est parfois une satisfaction ; mais accuser la concurrence acharnée, fille de notre société capitaliste, serait frapper autrement juste. C'est en effet elle qui crée les charges, les aléas croissants capables de contraindre l'industrie à chercher dans une diminution continuelle des frais généraux le secret de la réduction des prix de vente. La place n'est pas ici pour nous de nous demander si ce secret peut réellement être découvert de ce côté.

Il est d'autres causes de chômage et tant d'autres!

Que dire de cet afflux continuel des ruraux, hommes frustres, habitués à une vie et à une nourriture grossières, dans nos villes, où ils acceptent à bas prix les besognes les plus accablantes? La campagne manque de bras, dit-on, et cependant l'émigration lente des champs vers la ville coule en un véritable torrent.

L'Allemagne, plus prévoyante que nous-mêmes, reconnaissant que le service militaire encourage l'émigration des paysans, tente par des bureaux de placement militaires de rendre à l'agriculture le plus possible de forces vives.

Le recrutement régional serait peut-être aussi une bonne mesure. Le conscrit resterait dans son milieu et ne songerait pas à laisser sa place toute prête aux champs.

Le chômage lui-même, enfin, engendre le chômage. La masse des sans travail, affamée, assiège les portes des usines et des ateliers, et c'est une tentation bien forte que celle qui est offerte à tout instant au patron que ce salaire inférieur, ce salaire au rabais, demandé par le sans travail.

Réduire les frais de production ! N'est-ce pas le sans travail qui facilitera la réalisation de ce projet cher aux patrons ignorants de leurs véritables intérêts!

Réduire les frais de production! N'est-ce pas cette exclusive idée fixe qui a créé le travailleur à domicile, ce travailleur inconnu, et honteux souvent d'être un travailleur, exploité, écrasé par l'entreprise, cette victime du Sweating-system, n'est-elle pas le plus souvent du nombre des sans travail et n'est-elle pas aussi le plus redoutable des fléaux de la main-d'œuvre? Pour un salaire impossible elle autorise une concurrence incroyable à celui qui a la prétention de vivre de son travail, une concurrence inadmissible : celle de l'homme et de la machine ; la machine a quelquefois le dessous !

Telles sont brièvement analysées un petit nombre des causes du chômage. Elles sont infinies en quantité et en complexité, mais leur étude, le soin de les isoler, ne rentre pas dans le cadre de cet ouvrage.

III. Lorsque brusquement, sans cause bien sérieuse ou pour une pécadille, quelque ouvrier se trouve congédié de son travail, a-t-on jamais réfléchi à la situation de ce malheureux ?

Le triste retour au logis !

> Or plus d'un ce soir-là, lorsque devant les siens,
> Il jette sur un coin de table sa monnaie,
> Ne doit pas, j'en réponds, se sentir l'âme gaie
> Ni sommeiller sa nuit tout entière, en songeant
> Que de longtemps peut-être on n'aurait pas d'argent
> Et qu'il allait falloir s'accoutumer au jeûne (1).

(1) F. Coppée, *La Grève des Forgerons.*

La soupe est sur la table et l'homme n'y goûte pas. La femme le plus souvent comprend sans interroger la cause de tant de tristesse. Elle sait d'avance. C'est le chômage, le déplorable chômage et la porte ouverte sur la misère.

Si elle est énergique, ou que du moins elle veuille le paraître, elle envoie chaque jour l'ouvrier à la recherche de l'ouvrage et lui rend un peu de courage ; mais que de fois elle-même, usée et révoltée, ne se répand-elle pas en menaces inutiles et en gémissements superflus !

Dès le lendemain, si l'ouvrier n'est pas spécialiste, il se met en quête d'un emploi. D'ateliers en ateliers, il va se présentant. Mais il y a si peu de places quand on cherche !

Harassé, le chômeur retourne au logis. La gêne déjà y règne et bientôt ce sera la misère, car chaque jour nouveau, chaque semaine, emporte les pénibles économies des mois de travail.

Et s'il dure ce chômage, s'il atteint un mois, deux mois, à vau-l'eau, tout disparaît : les meubles chez le brocanteur, les enfants à la mendicité et au vice, la femme souvent, hélas, à quels tristes moyens n'a-t-elle pas recours ? Dans cette faillite générale, devant cet écroulement, l'homme, l'ouvrier lui-même que devient-il ? Un habitué du cabaret où l'on boit à la société future et où se font de brillantes connaissances, un révolté contre cette société ancienne qui permet tant de misères et il devient surtout une non-valeur, sans énergie, sans goût au travail, un traînard de la grande armée laborieuse qui lutte pour l'effort économique.

Les couleurs sombres de cette esquisse, qu'on voudra bien excuser, méritent certaines atténuations de détail, mais les grandes lignes synthétisent, au point de vue subjectif, les effets du chômage.

Dès que l'on se place au point de vue objectif, les effets du chômage prennent une gravité plus grande encore.

Le chômage influe sur le salaire. Il est le principal obstacle que rencontre sa progression ou simplement son maintien à un niveau raisonnable, car le chômeur ne respecte même pas la loi d'airain.

Que sont donc les travailleurs à domicile, sinon en grande partie des chômeurs ?

Tout ouvrier, en quête d'une augmentation ou d'une amélioration qu'elle quelle soit, ne sait-il pas que sa place est guettée par les sans travail ?

« Si je demande de l'augmentation, on me mettra à la porte. Il y a 1.000 ouvriers qui travailleront meilleur marché que moi. »

Le chômage ! Mais n'est-il pas aussi l'obstacle le plus grave à toutes les revendications syndicales ouvrières, la raison de l'inobservation de toutes les lois protectrices ? On congédie l'ouvrier qui réclame et on puise largement dans la réserve des sans travail. Elle est inépuisable et se reforme par cet incessant mouvement de va-et-vient. La concurrence ouvrière est la plus épouvantable, la plus acharnée, la plus déplorable. C'est la véritable concurrence vitale, puisque le salaire qui en est le but est le pain de chaque jour qui assure la vie.

IV. *Existe-t-il une statistique du chômage ?* Est-il possible d'en établir une ? Telles sont les deux questions qu'il convient de poser avant de terminer cette étude préliminaire.

La statistique du chômage est, d'après les données actuelles, une des plus incertaines, une de celles qui laissent la plus grande place à l'indéterminé.

Deux sources fournissent à ses calculs les éléments nécessaires. Ce sont les renseignements syndicaux et les renseignements professionnels.

Le mouvement syndical n'a pas, en France, atteint un développement suffisant et le trop petit nombre de ceux qui sont soumis à son enquête vicie dans une certaine mesure le résultat de cette dernière.

En janvier 1903, 1.008 syndicats comprenant 163.500 membres indiquaient le nombre de leurs chômeurs, et la courbe dressée à l'aide de ces renseignements, depuis 1895, accusait pour ces huit années une moyenne de chômeurs de 7,25 %.

« En appliquant, dit M. Fagnot (1) dans son rapport sur les caisses de chômage, cette proportion de 7,25 % au nombre total des travailleurs (2) on obtient

---

(1) Rapport sur les caisses de chômage, 1903.
(2) Nombre résultant du recensement professionnel de 1896.

$$\frac{5.600.000 \times 7,25}{100} = 406.000,$$ soit en chiffres ronds 400.000 chômeurs.

« Les renseignements fournis par les syndicats à cet égard ont une réelle valeur. Cependant le calcul précédent qui consiste à appliquer à 5 millions de travailleurs une moyenne portant sur 150.000 d'entre eux ne paraît pas serrer la réalité d'assez près. »

Et, ayant recours à la seconde source de la statistique du chômage, celle du recensement professionnel, M. Fagnot établit une moyenne qui peut être considérée comme plus juste.

« Par rapport à l'effectif total des travailleurs, le pourcentage était de 4,6 % en 1896 et de 6,5 en 1901, soit pour les deux recensements une moyenne de

$$5,6 \text{ % ou } \frac{5.600 \times 5,6}{100} = 313.600. \text{ »}$$

Cette indication, étant données ses bases fournies par la totalité des travailleurs, présente évidemment une plus grande part d'exactitude mais conserve encore, à notre avis, une trop grande part d'approximation. Elle a recours à deux renseignements, celui qui résulte du recensement de 1896 et celui du recensement de 1901. L'année 1896 est bien une période d'activité, l'année 1901, une période de dépression, mais « il faut remarquer, disait, à la Chambre des Députés, M. Vaillant (1), que ces statistiques opti-

____

(1) Séance du 30 novembre 1904.

mistes ne manifestent pas les différences très certaines d'importance du chômage en temps de crise et en temps ordinaire, tant la question a besoin d'être examinée et enquêtée autrement. On peut cependant dire que, répondant aux expansions et contractions du marché, les chiffres officiels nous montrent qu'un fort chômage sévit toujours et que, même en temps de prospérité, il atteint un niveau de plus en plus élevé.

« J'ai là, dit plus loin M. Vaillant, une série de constatations qui ont été faites par l'Office du Travail depuis plusieurs années : je ne veux pas les faire passer sous vos yeux et je les résume. Nous y voyons que dans certaines périodes actives de crise, en février 1904 par exemple, le chômage atteint et dépasse 15 %. L'enquête avoue qu'il y a plus d'un million de travailleurs en chômage. Dans les périodes ordinaires, dites de prospérité, le chômage s'élève à 7, 8, 9 et 10 %. *Il faut le dire, il y a plusieurs centaines de milliers d'ouvriers absolument sans travail aussi bien dans ce qu'on appelle la période de prospérité que la période chômage proprement dite.* »

M. Trouillot, ministre du Commerce, intervenant dans le débat, y apporte comme une confirmation de la thèse de M. Vaillant tout en essayant de l'atténuer. Il reconnaît que les chiffres avancés par l'honorable député ne sont pas excessifs. Dans sa bouche de semblables données prennent une singulière valeur.

« En examinant, dit-il, de plus près les statistiques relatives au chômage, voici les indications qui ressortent des chiffres. Dans les neuf premiers mois de 1902 (période de crise), la proportion des chômeurs était de 11,50 % ; en 1903, pendant la même période, le nombre de chômeurs était de 9,50 %. C'est une différence assez considérable.

« Pendant les neuf premiers mois de 1904, le chiffre s'est légèrement relevé, il est de 10,80 %. Il y a donc plus de chômeurs qu'en 1903. Au cours des 10 dernières années, la proportion des chômeurs a dépassé des moyennes aux époques de crise. Là encore la situation n'autorise pas des vues pessimistes. »

La thèse de M. le Ministre du Commerce présente sans doute de grandes garanties pour l'avenir, elle fait croire à la réelle efficacité des mesures prises pour encourager et régulariser le placement, nous ne saurions nier qu'elle indique un effort de l'industrie nationale. Mais les chiffres portés à la tribune n'en dénoncent pas moins l'étendue du péril.

En 1902 le chômage aurait frappé :

$$\frac{5.600.000 \times 11,50}{100} = 644.000$$

et en 1904 :

$$\frac{5.600.000 \times 10,80}{100} = 604.800$$

Tels sont les chiffres. Telles sont les masses de chômeurs considérées. Mais leur composition reste ignorée. L'armée des sans travail se présente à nous sans qu'il nous soit possible de connaître la nature des chômeurs qui en forment les régiments.

Les chiffres que fournit la statistique sont trop précis dans leurs résultats pour admettre des facteurs de nature différente. Or la valeur de ces facteurs qui figurent ici pour une unité dans le résultat est si relative qu'il ne semble guère permis d'accepter sans réserve et sans critique les moyennes présentées au pays. Elles sont bien le résultat des chiffres. Mais encore faudrait-il s'entendre, pensons-nous, sur la valeur subjective des chiffres totalisés.

M. le Ministre du Commerce lui-même dit à la Chambre dans cette même séance du 30 novembre 1904 (1) que la mauvaise température des premiers mois de l'année 1904 a causé un chômage prolongé dans l'industrie du bâtiment, la longue grève de Marseille a diminué la main-d'œuvre dans l'industrie des transports, la concurrence étrangère réduit l'activité de l'industrie des cuirs et peaux.

Autant de notes qu'il convient d'inscrire en marge d'une statistique, autant d'éléments dont il faut tenir compte pour l'établissement du chiffre moyen des chômeurs.

L'étendue du chômage est très variable suivant les industries et les professions.

Elle varie suivant les époques diverses de l'année et d'une année à l'autre.

(1) *Journal Officiel*, 30 novembre 1904.

Elle n'est pas identique chaque année et ne paraît pas passer par les mêmes variations dans les différents pays. L'âge du chômeur doit entrer en ligne de compte, ses capacités professionnelles, son désir de trouver de l'ouvrage, son énergie ou ses besoins, le temps qu'il lui faut réellement pour retrouver une place dans certaines industries fortement cantonnées sur certains points du pays, tant d'éléments enfin que la statistique néglige et que l'économiste retient.

Il ne suffit donc pas, croyons-nous, d'isoler les résultats statistiques d'une année de crise et d'une année de bon fonctionnement de l'industrie pour déterminer le chiffre moyen des chômeurs. Une industrie peut péricliter dans une année prospère, et même, en considérant comme sérieusement admissible ce moyen, on ne peut tenir aucun compte de la qualité du chômeur et des titres qu'il faut faire valoir pour la revendiquer réellement.

Toutes considérations à part et si approximatifs que les chiffres puissent paraître, le péril n'en est pas moins très redoutable. Il convient d'y faire face. Les fluctuations de la production moderne à large expansion et à brusques arrêts frappent d'une façon particulièrement brutale « une armée de réserve, une armée de misérables, tous prêts à travailler et qui ne peuvent le faire. C'est le fléau et la misère du temps présent.

« Nous pouvons nous demander toujours avec la

même impartialité comme je l'ai fait jusqu'ici quelles atténuations nous pourrions envisager à ce mal dont souffre la classe ouvrière et qu'elle redoute le plus » (1).

(1) M. Vaillant, Chambre, 30 novembre 1904.

CHAPITRE II

I. Les moyens proposés pour supprimer le chômage.
II. Tentatives d'assurances
contre le chômage. — III. Plan de l'ouvrage.

Le mal que nous avons constaté, sans qu'il nous soit permis d'en déterminer exactement les limites, présente toutefois un tel caractère de gravité que les meilleurs esprits ont recherché un remède capable d'en atténuer les effets.

Certains d'entre eux, les plus hardis, ont rêvé d'abolir le mal lui-même.

Le chômage, sans être au fait tout nouveau, a pris un singulier caractère d'intensité avec le système de la production capitaliste. Il paraît certain que les artisans de jadis, vivant sous le régime corporatif, se connaissant tous, ignoraient ou presque les brusques fluctuations de notre industrie moderne. La production, sans à-coup, s'effectuait dans de modestes sphères: un patron seul ou un atelier de quelques ouvriers se chargeait de fournir le marché urbain, où les cours, sensiblement les mêmes en tout moment, assuraient un tranquille monopole au petit producteur. La corporation au surplus limitait le champ de la concurrence.

Mais à cette époque, il n'est plus question de marché local, de concurrence limitée. Le marché est international, mondial dirons-nous, *et la concurrence se fait toujours ou presque dans le sens du bon marché*. A moins d'introduire un produit nouveau dans le commerce, le patron, pour réussir, a-t-il d'autres moyens de concurrencer ses rivaux qu'en offrant à plus bas prix ses marchandises ? Combien d'usines sombrent dans cette lutte, combien ont recours au machinisme pour y figurer honorablement, combien encore regagnent, sur la main-d'œuvre qu'elles réduisent, les concessions faites sur le prix du produit.

Les systèmes proposés pour combattre le chômage sont donc de deux sortes, mais dans cette voie tout semble se borner du côté des économistes orthodoxes à de bons conseils, et du côté des socialistes à des plans de société idéale qui auraient actuellement fort peu de chances de succès.

Le droit au travail et la réduction des heures de travail trouvent de fermes défenseurs et des adeptes fervents chez les socialistes. Nous ne pensons pas qu'ils croient eux-mêmes à la grande efficacité de ces moyens puisqu'ils semblent se rallier à notre époque autour du projet de l'assurance par l'État.

La réduction de la journée de travail pour diminuer le chômage ne paraît pas susceptible de modifier sérieusement l'état du marché du travail.

« C'est une pure absurdité, dit M. Leroy-Beaulieu (1), de croire que le chômage puisse être supprimé ou diminué par la réduction des heures de travail. »

La loi du 30 mars 1900 sur la durée du travail a-t-elle eu quelque influence sur le chômage? La statistique ne semble pas en enregistrer les effets.

Limiter la journée de travail serait, croyons-nous, activer la marche de l'industrie vers le machinisme qui réduirait encore, si c'est possible, l'intervention de la main-d'œuvre dans la fabrication du produit.

Restreindre les heures de travail serait imposer une façon d'impôt à l'industrie. Le produit ne souffrira pas de cet impôt, mais l'ouvrier. Citons comme exemple l'industrie de l'alcool. Les taxes énormes qui la frappent ont-elles une influence quelconque sur le prix de vente ? La chimie aux aguets, le machinisme, lui apportent une source de réduction du prix de vente chaque fois qu'un impôt la grève d'une majoration nouvelle.

M. Leroy-Beaulieu, quand il s'écrie (2) : « Le moyen de réduire le chômage, c'est de faire que

----

(1) *Economiste Français.*
(2) *Economiste Français.*

l'industrie soit active, c'est-à-dire qu'elle donne des bénéfices », ne nous semble pas davantage résoudre cette question infiniment complexe.

Les socialistes eux-mêmes ne semblent plus attacher à cette doctrine de la réduction de la journée de travail une importance aussi capitale, puisque M. J. Coutant a déposé, en 1899, une proposition de loi tendant à créer une caisse patronale de chômage alimentée par une taxe sur les machines motrices.

« En régime capitaliste, ce développement prodigieux du machinisme a cet effet saisissant que de plus en plus la puissance économique a un nombre restreint de producteurs, qu'il devient de plus en plus impossible au simple salarié, à celui qui, à l'aide de ses bras, a créé et construit toutes ces machines-outils, mues par la force motrice, d'arriver à l'autonomie, à l'indépendance, à la propriété. Il ne reste plus pour lui que le chômage. »

« Le chômage a des causes sociales », dit ailleurs M. Millerand (1), « la société qui recueille pour la plus grande part le bénéfice des inventions nouvelles doit, en toute justice, en supporter, pour une part au moins, les charges. »

Entre les économistes classiques, partisans du « laisser passer », et les socialistes, faibles défenseurs de leurs doctrines, les mesures susceptibles d'anéantir le mal du chômage ne trouvent guère d'adeptes ;

(1) Rapport au nom de la Commission de Prévoyance et d'Assurance sociales, n° 1082.

tous les théoriciens sont réunis maintenant sur le terrain nouveau des mesures lénitives, des mesures susceptibles d'adoucir le mal qui se présente. Mais ce terrain est un vaste carrefour d'où partent des voies diverses et fort nombreuses. Elles ont nom : l'assurance par l'État, l'assurance municipale officielle, l'assurance par les caisses d'épargne, l'assurance par des sociétés administratives privées, les travaux de chômage, l'assurance par les sociétés de secours mutuels, l'assurance patronale, l'assurance par les syndicats subventionnés ou non, les plus timides prennent encore la route de la charité.

Disons tout de suite un mot de cette charité à laquelle on a eu, en France, tant de fois recours et pour des raisons si diverses et si variées. Quels que soient les motifs qui guident la main charitable, motif de bonté directe ou peur de revendications sociales, il nous semble peu digne et peu conforme à l'énergie des classes productrices d'avoir recours à ce qu'on pourrait appeler la doctrine de « la main tendue ». Cette doctrine, peu propre à encourager l'énergie, la responsabilité et la prévoyance, nous semble devoir être, *a priori*, repoussée comme hors de toute fierté. La charité doit, dans une société bien ordonnée, être réduite au strict minimum. Sans décourager les intentions louables de ceux qui la font, il nous paraît utile de signaler à ceux qui la reçoivent tout ce qu'a d'anormal et de contraire à l'individualité cette manière singulière d'atténuer les effets du chômage, et de reconnaître le droit à la vie et au pain de chaque jour.

Ceci dit, il nous reste à considérer brièvement tout ce qui a été fait et tous les systèmes proposés pour atténuer le chômage et ses effets.

Mais disons un mot auparavant de *l'assurance par l'État.*

Il résulte de la lecture des discussions du Conseil supérieur du Travail, que les partisans de l'assurance par l'État sont peu nombreux. La commission permanente avait proposé au Conseil le vœu suivant : « Le Conseil supérieur émet l'avis qu'il n'y a pas lieu d'organiser d'assurance obligatoire contre le chômage. »

De la discussion, ce projet de vœu est revenu transformé. Sans condamner l'assurance par l'État, le Conseil supérieur ne se prononce pas d'une manière catégorique.

« *Le Conseil supérieur est d'avis qu'il y a lieu de mettre à l'étude un régime législatif spécial d'institution d'assurance contre le chômage.* »

Le texte, on peut le constater, est équivoque et énigmatique, il a été diversement interprété, mais le rapport présenté par M. Fagnot (1), peut nous fournir de sérieuses données pour apprécier quelle serait la réforme à réaliser si l'on pensait créer une caisse nationale de chômage.

____

(1) *Les caisses de chômage.*

M. Fagnot conçoit, en réservant la fixation du total des primes à verser, la difficulté de ce calcul étant des plus grandes, une caisse nationale de chômage dont la dépense serait alimentée comme suit :

> 1/2 par l'ouvrier;
> 1/4 par le patron;
> 1/4 par l'État.

« Pour faire une évaluation de cette dépense, il faut déterminer d'abord la durée annuelle du travail régulier. Si l'on défalque des 365 jours de l'année les dimanches et fêtes, les absences causées par la maladie, etc., il y a en moyenne 290 jours de travail par an (1).

« Sur ces données, chaque chômeur recevant 2 francs par jour pendant 290 jours, soit 580 francs, on obtient comme dépense totale :

$$300.000 \times 580 = 174.000.000 \text{ de francs par an}$$ » (2).

Cette charge serait supportée :

1/2 par les ouvriers	87.000.000
1/4 par les patrons	43.500.000
1/4 par l'État	43.500.000
	174.000.000

Le chiffre de la dépense serait de 232 millions si l'on raisonnait sur 400.000 chômeurs et si l'on limitait la durée du chômage à 6 mois, pour 300.000

(1) M. Fagnot, *Rapport sur les Caisses de chômage.*
(2) V. plus haut Statistique de chômage, Chap. I.

chômeurs, la dépense serait encore de 150.510.000 fr., dont la part de l'État serait de 37.627.500 francs.

Mais sans considérer ces charges (M. le rapporteur redoute pourtant de voir M. le Ministre des finances refuser de les assumer), il peut sembler que de pareilles réformes seront longues à s'acclimater chez nous, même en rendant l'assurance obligatoire et « c'est peut-être le plus grave défaut du système » (1).

II. *Tentatives diverses d'assurance contre le chômage*. — Entrons maintenant dans le domaine du concret, dans le domaine des réalités pour examiner les tentatives différentes d'assurance contre le chômage.

« A tout seigneur, tout honneur » : abordons l'étude des institutions d'assurance contre les chômages, dues à l'initiative officielle.

En Suisse, dès 1892, on a songé, devant la crise qui sévissait à cette époque, à créer des caisses officielles. La plus ancienne d'entre elles est celle de *Berne*, fondée en 1893. Elle est aussi la première en date du monde entier. Elle était annexée au bureau municipal de placement de cette ville, ne s'occupait que du chômage saisonnier et presque exclusivement des ouvriers du bâtiment. A son origine, pendant la rigueur toute particulière de l'hiver 1891-1892, elle fut une simple association mutuelle de manœuvres,

(1) *Loc. cit.*

terrassiers et autres ouvriers sans métiers. En 1892, elle groupait, à l'approche de la mauvaise saison, 600 membres. La crainte de ne pas pouvoir tenir ses engagements obligea le Comité directeur de l'institution à faire appel au concours de la municipalité. Une subvention fut donc demandée, mais le Conseil communal, craignant d'être accusé de partialité envers certains ouvriers, refusa cette allocation et chargea une commission de trouver une solution capable de concilier tous les intérêts et de dissiper les scrupules en question. Cette commission élabora un projet de caisse d'assurance facultative annexée au bureau de placement municipal.

En 1901, cette institution comprenait 644 adhérents, auxquels elle distribuait 19.176 fr. 20 d'indemnité de chômage.

La cotisation est de 0 fr. 70 par mois. L'indemnité est de 1 fr. 50 par jour pour les célibataires, et de 2 francs pour les chefs de famille. La période de chômage part du 1er décembre et va au 28 février. Elle peut être réduite, suivant les ressources ou l'intensité du chômage. Elle fut de 7 semaines en 1901.

La caisse fondée à *Saint-Gall* en 1895 procède d'une idée tout à fait différente. C'est une caisse d'assurance obligatoire créée par une décision de l'assemblée des électeurs communaux de Saint-Gall. Sa carrière fut des plus courtes, puisqu'elle se termina le 30 juin 1897.

Tous les ouvriers de Saint-Gall gagnant moins de

5 francs et plus de 2 francs, quelle que fut leur profession, devaient payer une cotisation proportionnelle au salaire gagné, allant de 0 fr. 15 à 0 fr. 30. Une indemnité variant de 1 fr. 80 à 2 fr. 40 était en échange versée aux chômeurs.

La tentative échoua devant le mauvais vouloir de tous. Échapper à l'obligation de l'assurance, payer irrégulièrement les cotisations était de mise parmi les ouvriers. Et ces résistances s'expliquent par ce fait que le fardeau pesait d'une manière fort irrégulière pour tous. 33 % des adhérents furent secourus ! Les chômeurs provenaient surtout des métiers saisonniers (15 % et 3 % des autres métiers).

Malgré le grand espoir qu'on avait fondé sur l'esprit de solidarité des travailleurs, les membres de la classe ouvrière non privilégiés fuyaient l'assurance. Ils montraient la plus vive répugnance à supporter une cotisation qui leur paraissait inique, car elle faisait porter exclusivement par d'autres misérables les conséquences de la misère des journaliers et des ouvriers des métiers saisonniers.

« Quelques défauts d'organisation, trop de bureaucratie et une union trop étroite avec l'administration des pauvres précipitèrent la ruine de l'institution, dont la dissolution fut votée avec enthousiasme par presque tous les intéressés (3/5 des électeurs) » (1).

L'insuccès semble provenir surtout de sa mauvaise

---

(1) L. Varlez, *Les forces nouvelles d'assurance contre le chômage.*

organisation et beaucoup estiment qu'un nouvel essai doit être tenté.

La ville de *Bâle*, celles de *Lausanne*, de *Zurich* et de *Genève* ont réuni un nombre très respectable d'adhérents à leurs caisses de chômage qui, sans être obligatoires, assurent toutes, au moyen de cotisations, de subventions locales ou d'État, de cotisations de membres honoraires, des indemnités aux chômeurs.

La ville de *Cologne* a fondé, pour le chômage d'hiver, une caisse analogue qui n'eut pas moins de 100.000 marks comme première mise de fonds. Annexée à l'office de placement de Cologne, elle réunissait en 1902 1.105 adhérents, presque tous du bâtiment. 74 % furent secourus pendant l'hiver 1902.

Qu'il nous soit permis de citer encore comme caisse officielle de chômage la tentative de *Bologne*. L'ouvrier verse à la caisse d'épargne une somme dont le maximum est de 40 francs. Cette somme supporte en cas de chômage une majoration, variable suivant le nombre des livrets à majorer, provenant des intérêts d'un fonds de 200.000 francs (1). Les épargnants ont touché, en 1900, 1 fr. 50 environ pendant 26 jours. 107 ouvriers seulement profitaient de cette institution.

Le risque de chômage étant un des plus difficiles à

______

(1) [97 °/₀ en 1900.

évaluer, aucune *compagnie d'origine privée* ou presque n'a voulu l'assurer.

On sait facilement, en effet, que l'on peut compter tant de malades ou décès pour 100 individus, tant d'incendies pour 100 bâtiments. Si pendant une année la moyenne est dépassée, l'année suivante remet les choses en état.

En ce qui concerne le chômage, au contraire, il n'est pas possible, nous l'avons vu, d'établir une moyenne et une statistique. Les tendances variables des industries et du marché paralysent tout effort statistique précis. De plus, on ne peut simuler la mort ni la maladie ; allumer l'incendie, c'est un crime ; comment constater, au contraire, qu'il y a ou non chômage involontaire ? Comment concevoir le type du chômeur involontaire, et discerner si tel ouvrier sans travail est bien compris dans la catégorie des victimes de ce genre de chômage ?

Le risque de chômage ne nous a donc pas paru, pour une société, un risque assurable. Une compagnie privée ne peut, sur des bases scientifiques, établir le taux de ses primes. Elle ne peut, à moins de posséder un personnel innombrable, réaliser la surveillance de ses assurés.

Que penser des travaux de chômage ?

Organisés par les communes ou les départements, ces secours aux chômeurs sont particulièrement donnés pendant la saison d'hiver. Ce sont le plus souvent des travaux de voirie et de terrassement.

Les travaux de chômage que Turgot inaugurait dès 1770-1771, les ateliers de secours que l'Assemblée nationale réorganisa par son décret du 21 août 1790, les ateliers nationaux de 1848 sont des institutions qui ont le grand inconvénient d'être onéreuses pour l'employeur et peu profitables pour le chômeur. Elles sont aussi une concurrence dangereuse pour l'ouvrier, puisqu'elles permettent d'effectuer à un tarif de misère, exceptionnellement réduit, un travail qui eût fait vivre, à un tarif normal, un certain nombre d'ouvriers. Œuvres de charité mal entendues, elles peuvent passer pour des entreprises de spéculation.

De plus comment, dans une période de crise, imposer à la commune, à l'État ou au département, l'exécution de travaux de chômage ? Les impôts rentrent mal à de semblables époques et ils grèvent lourdement le contribuable, on doit restreindre les dépenses : comment alors ordonner des opérations onéreuses ?

Voici toutefois les sommes consacrées depuis 1899 à ces travaux de chômage (1) :

Années	Nombre de Communes	Sommes affectées aux travaux de chômage
1899	48	1.027.205 53
1000	59	1.675.181 80
1901	63	1.666 651 05
1902	60	1.674.838 92
1903	62	1.744.785 74

(1) *Bulletin de l'Office du Travail.*

La loi du 1er avril 1898 autorise *les sociétés de secours mutuels* à assurer, au moyen de cotisations spéciales et sur des fonds spécialement réservés à cet effet, le risque de chômage.

L'intervention officielle disparaît ici et nous nous trouvons en face de prévoyants. Ces prévoyants ont constitué, pour assurer divers risques, maladies, vieillesse, invalidité, un fonds social autour duquel l'État doit tout au moins faire bonne garde. Et si le prodigieux développement des sociétés de secours mutuels permet de tout espérer d'elles, elles semblent cependant incapables d'assurer ce risque si variable et si complexe. Les caisses locales en particulier, à la merci des crises locales, pourront-elles résister à l'afflux des mutualistes en chômage ?

Les hésitations même de la Chambre des Députés lors du vote de la loi de 1898 (1) sont un témoignage des réserves qu'il convient de faire. Et il nous semble bon d'opposer aux conclusions du rapport de M. Rostand au Congrès de la Mutualité en 1900, conclusions favorables à l'introduction du risque chômage parmi ceux que les sociétés de secours mutuels peuvent assurer, celles de M. le sénateur Lourties dans son savant rapport au Sénat sur la loi de 1898. (2)

(1) En 1896, M. Jourde demande d'adjoindre aux attributions des sociétés de secours mutuels l'assurance chômage. Cette proposition fut rejetée par 259 voix contre 239.

(2) Documents parlementaires, 23 décembre 1897.

« Autrement grave a paru la faculté d'accorder, même accessoirement, des allocations en cas de chômage.

« Certaines objections ont été faites. On s'est demandé si cette disposition ne serait pas de nature à créer de sérieuses difficultés aux sociétés de secours mutuels et peut-être à entraîner la ruine d'un certain nombre de ces associations.

« Le chômage est un fait d'ordre économique ; il est influencé par une foule de facteurs qu'il est fort difficile de prévoir et de déterminer. *C'est la caisse d'épargne qui apparaît tout naturellement comme la caisse de prévoyance du chômage à défaut d'organisation par les syndicats professionnels.*

« Passe encore s'il ne s'agissait que du chômage involontaire, du chômage périodique, par exemple. Mais comment en décider? Comment savoir s'il est le fait de l'ouvrier ou du patron ?

« Ces objections ne sont pas sans avoir des fondements sérieux. Mais la Commission, après en avoir longuement délibéré, a pensé que si la mutualité en vue du chômage n'avait aucune chance de s'établir dans les sociétés composées de sociétaires de professions différentes, entre ouvriers qui travaillent et ouvriers qui, pour une raison ou pour une autre, ne travaillent pas, elle pouvait cependant rendre quelques services dans les sociétés professionnelles, dans les sociétés composées d'ouvriers du bâtiment, par exemple, où le chômage pendant l'hiver est plus ou moins long suivant les rigueurs de la saison.

« Ces sociétés sont plus nombreuses que l'on ne croit généralement. On en comptait au 31 décembre 1895 3.013 distinctes des sociétés municipales avec 543.476 sociétaires payant tous leurs cotisations, et un avoir de 100 millions environ.

« Or, à cette date, les 2.163 syndicats ouvriers ne comprennent que 420.000 membres. Il y a donc dans le monde du travail 850 associations et 150.000 membres qui ont préféré aux groupements syndicaux les mutualités professionnelles.

« Pour en revenir au chômage, il est bien entendu d'ailleurs qu'en aucun cas et sous aucun prétexte les allocations en cas de chômage ne pourront jamais être prélevées sur les fonds consacrés à la maladie, à la vieillesse, aux accidents et aux décès, et qu'il n'y sera pourvu qu'au moyen de cotisations spéciales, sous peine pour les administrateurs et directeurs d'encourir les pénalités édictées par les articles 406 et 408 du Code pénal.

« Dans ces conditions, la majorité de la Commission a consenti à se rallier à cette extension des facultés par le 2e § de l'article 1er et elle vous propose de voter l'article tout entier sans aucune modification. »

Avec le si distingué mutualiste qu'est M. Lourties, nous redouterons pour les mutuelles locales surtout ces opérations trop incertaines et qui pourraient compromettre leur œuvre.

III. Il nous reste à étudier les tentatives d'assurances chômage de tous genres tentées par les syndicats subventionnés ou non. Tel sera le but de cet ouvrage. Il revient à la Belgique le mérite d'avoir la première conçu un système de subvention d'une originalité incontestable et dont les résultats dépassent les espérances.

Ils feront l'objet du second livre de cet ouvrage. Nous aborderons ensuite l'étude des caisses syndicales françaises non subventionnnées et des caisses fédérales. Les caisses municipales que la France a vu se créer seront ensuite examinées, et nous verrons enfin les efforts divers du législateur de notre pays en vue d'atténuer, de diminuer le chômage ou d'en adoucir les terribles conséquences.

LIVRE II

CHAPITRE PREMIER

Les caisses syndicales de chômage en Belgique.
Tentative de Liège. — Tentatives diverses.

CHAPITRE II

Les fonds de chômage de Gand.

CHAPITRE III

Influence de cette institution en Belgique.
Les fonds de chômage. — Anvers. — Bruxelles.
Malines. — Bruges.

CHAPITRE PREMIER

I. Le mouvement syndical en Belgique et la question
du chômage. — II. La tentative de Liège.
III. Tentatives diverses.
IV. Les Caisses de chômage et le Parlement belge.

I. Le mouvement syndical n'a pas pris en Belgique, dès le début, le bel essort dont les syndicats
anglais et américains nous fournissent l'exemple.
Malgré la tradition qui fait du Flamand l'apôtre de
l'association, les ouvriers mineurs du Borinage ont
été les premiers à se grouper. Leur exemple ne fut
guère suivi, car les mineurs du pays borain n'em-
pruntaient à la forme syndicale qu'un cadre nécessaire pour conduire leur résistance et leurs grèves.
Quelques membres restaient fidèles à l'association
professionnelle une fois le travail repris, mais encore
étaient-ils rares. Les fédérations, plus rares encore,
se localisaient dans les pays miniers, groupaient les

travailleurs de la pierre, les cigariers et quelques autres.

« Il y a quelques années encore, la grande majorité des syndicats belges étaient de simples caisses de résistance : les membres y entraient en grand nombre quand la grève menaçait, mais ils les quittaient avec la même facilité quand le calme industriel était revenu (1).

« En ces dernières années, on s'est demandé si la population ne se fixerait pas mieux dans les syndicats quand, à côté des secours de grève qui constituaient toujours des services extraordinaires, on distribuerait des secours divers, en cas de chômage involontaire, de maladies, d'accidents, de vieillesse. »

On l'a cru et cette solution a été accueillie avec enthousiasme par le monde du travail, on l'a cru et chaque parti politique a formé des syndicats. Le jeune ouvrier débute dans des associations de jeu et, je le montrerai tout à l'heure, passe sa vie sous la tutelle des syndicats et des groupements coopératifs, syndicaux divers qui prennent place dans toutes les actions de son existence.

Le mouvement s'accentue de jour en jour davantage. Les syndicats à grosse cotisation prospèrent, alors qu'on refusait jadis de verser, à la caisse commune, une obole minime. En 1900, sur 146 syndicats, il en existait 28 dont la cotisation mensuelle s'élevait

---

(1) M. Varlez, *Quelques pages d'histoire syndicale belge.*

à 0 fr. 50 ; 42 qui réclamaient à l'ouvrier de 1 franc à 1 fr. 50 ; 11 de 2 francs à 5 francs de cotisation par mois. La résistance de ces associations est rendue efficace par une caisse réellement solide : chômage, vieillesse, accidents, secours mutuels, sont largement assurés ; l'union est si féconde, que dans ce pays de suffrage plural qu'est la Belgique, la voix des syndicats se fait entendre pour les revendications chères aux travailleurs.

En 1901, une enquête fut ouverte pour connaître les buts divers des unions professionnelles fonctionnant en Belgique.

138 syndicats ont répondu :

58 avaient un but exclusif de résistance ;

31, de résistance et de mutualité ;

36, d'assurance chômage ;

14, d'assurance chômage et de mutualité ;

2, la constitution de pensions.

Chaque congrès ouvrier belge constate ce rapide essor et l'encourage. Les syndicats se groupent en puissantes fédérations et le but actuel de tous les efforts syndicaux en Belgique, le but qu'on cherche à atteindre, est l'augmentation des cotisations qui doivent être élevées afin de permettre la création au sein du syndicat, d'une caisse de résistance..., d'une caisse de chômage.

Le parti ouvrier gantois est sans nul doute le mieux organisé.

« Gand est maintenant une des capitales du monde

pour l'industrie textile. Aucune ville de Belgique ne renferme une population aussi dense et aussi indomptable » (1).

Mais aussi Gand est le pays par excellence de l'association. Tous les syndicats accordent des subventions aux chômeurs. Les sociétés à Gand plus qu'ailleurs, depuis le célèbre « Vooruit », absorbent la vie tout entière de l'ouvrier.

Un ménage ouvrier, gagnant de 25 à 30 francs par semaine, verse rigoureusement par semaine (il est bon d'insister) à la Fédération :

Pour le journal......................	0 fr. 14
— la mutualité........................	0 fr. 30
— l'assurance vie.....................	0 fr. 05
— les membres de la famille..........	0 fr. 10
— le fonds de résistance.............	0 fr. 02
— le syndicat........................	0 fr. 20
— le club du quartier................	0 fr. 05
— les autres cercles.................	0 fr. 05
— brochures, fascicules et livres......	0 fr. 10
— le pain (par exemple 10 pains au prix fort sur lequel il est accordé une ristourne de 0 fr. 70).........	3 fr. 55
— pour amusements et fêtes..........	1 fr. »»
— les autres dépenses (épicerie, habillement, chauffage, éclairage).....	10 fr. »»
Total..........	15 fr. 56

(1) Circulaire du Musée social : La Fédération ouvrière Gantoise.

Au bout de l'année, une ristourne est versée qui atteint au moins 75 francs sur les bénéfices. Et ce sont des milliers de familles qui apportent tous les ans à la Fédération la 1/2 de leur salaire.

Comment s'étonner alors que dans ce milieu pleinement favorable les caisses de chômage n'aient pas pris un développement exceptionnel ?

D'après la quatrième enquête de la Commission syndicale qui porte surtout sur les groupements affiliés à ce parti, 107 groupes allouaient des indemnités en cas de chômage involontaire (1).

Le montant des indemnités était pour 84 groupes qui ont fourni des renseignements de :

INDEMNITÉS PAR JOUR									
Indemnités	» 75	1 fr.	1 50	1 75	» 75 à 1 50	1 fr. à 1 50	1 fr. à 2 fr.	1 50 à 2 fr.	1 50 à 2 50	1 fr. à 3 fr.
Nombre de Syndicats	4	4	4	1	12	4	24	4	1	1

INDEMNITÉS PAR SEMAINE						
Indemnités	4 50	6 fr.	7 50	9 50	10 fr.	15 fr.	Suivant l'état de la Caisse
Nombre de Syndicats	1	1	1	1	1	1	1

La même enquête a permis de constater que pendant le mois de décembre 1902, à Anvers, 14 syndicats avaient versé 1.993 fr. 25 d'indemnité de chômage.

(1) *Bulletin de l'Office du Travail*, octobre 1903.

Dans la province de Liège, 7 syndicats ont alloué à leurs chômeurs en 1902, 3.718 fr. 15.

A Bruxelles, pendant les neuf premiers mois de l'année 1902, 35 syndicats comptent 6.689 adhérents et ont payé à leurs chômeurs (855), 6.763 fr. 31.

II. Les pouvoirs publics ne pouvaient rester indifférents, et dès le 27 juillet 1897, *le conseil provincial de Liège* avait, sur la proposition de la députation permanente, inscrit une subvention de 1.500 francs au budget de la province en faveur des caisses mutuelles d'assurance contre le chômage ayant au moins deux années d'existence.

Ce subside devait être réparti de la façon suivante :

1/3 en proportion du nombre des cotisants ;

1/3 en proportion du montant des cotisations ;

1/3 en proportion des indemnités de chômage allouées.

« En 1901, le nombre des syndicats qui avaient participé à cette répartition n'était encore que de 3 : le syndicat des mécaniciens, la société typographique de Liège, le syndicat des mouleurs de Herstal. Ensemble, ils comptaient 228 membres ». Ils avaient consacré 1.220 francs aux indemnités de chômage et reçu 1.239 fr. 30 de subvention (1).

En 1902, les progrès rapides faits en Belgique par les institutions de chômage eurent leur influence à

---

(1) L. Varlez, *Les Formes nouvelles d'assurance contre le chômage.*

Liège et dans la province. La répartition de la subvention se fit entre 7 syndicats comptant 629 membres.

En voici, du reste, le tableau publié par la *Revue
du Travail* (1) :

Nom des Syndicats	Nombre de Cotisants	Montant des cotisations	Indemnités versées aux chômeurs	Subventions
1. Société typographique liégeoise	200	2.415 22	536 45	465 50
2. Mécaniciens de Liège..	91	673 87	541 »	210 »
3. Syndicat des mouleurs en fonte	48	304 50	1.034 »	206 74
4. Métallurgistes de Verviers.................	30	238 05	325 45	117 68
5. Travailleurs du bois de Liège................	55	532 80	415 »	151 18
6. Association typographique de Verviers..	143	695 24	66 25	270 62
7. Syndicat des employés (Liège)................	63	286 13	»	77 80
	630	5.146 71	2.018 15	1.499 52

Les résultats présentés par ce tableau ne furent
pas sans soulever des critiques sur le mode de répartition des fonds de subvention. Le syndicat des employés de Liège se voyait attribuer 77 fr. 80, alors
qu'il n'avait versé aucune indemnité de chômage à
ses membres, en revanche le syndicat des mouleurs
en fonte dont la caisse avait indemnisé les chômeurs
pour une somme de 1.034 francs ne recevait qu'une

---

(1) *Revue du Travail*, passim.

somme dérisoire de 206 fr. 74, hors de proportion avec celle versée de 465 fr. 50 à la société typographique liégeoise à qui le chômage avait coûté 536 francs.

Toutefois, et malgré de si graves injustices dans la répartition du crédit affecté au secours de chômage, un grand pas avait été fait depuis 1897.

Le Conseil de la province, résolu à activer encore le développement des caisses de chômage, a porté au double le crédit pour l'année 1903. Il atteint 3.000 fr. et se trouve réparti comme suit entre 10 syndicats de la province :

Noms des Syndicats	Siège	Subventions
1. Société typographique liégeoise...	Liège	544 40
2. Syndicat des mécaniciens	Liège	405 03
3. Syndicat des mouleurs	Herstal	250 »
4. Syndicat des métallurgistes	Verviers	233 07
5. Union professionnelle des travailleurs du bois	Grévigné	307 38
6. Association libre des typographes.	Verviers	514 56
7. Syndicat des employés	Liège	204 22
8. Le « Réveil des mineurs »	Beyne-Heusay	150 »
9. Union des métallurgistes..........	Huy	77 00
10. Syndicat des ouvriers du transport et du magasinage	Liège	125 53
Total..........................		2.870 68

La *Revue du Travail* ne donne pas, avec les chiffres des allocations, ceux qui ont servi de base à leur calcul. La répartition de 1903 est-elle plus équitable que la précédente? Il ne nous est pas permis de le constater.

III. Au mois de septembre 1903, *le Conseil provincial d'Anvers* a voté un crédit de 1.500 francs pour venir en aide aux unions professionnelles dans l'organisation des caisses de chômage.

La députation permanente est chargée de sa répartition faite sur des bases totalement différentes de celles qu'adoptait le Conseil provincial de Liège. Elles nous paraissent réellement plus équitables.

On tiendra compte des points suivants :

A. *Quand à l'Organisation du Fonds.*	1° Possède-t-il une Bourse du Travail ou est-il affilié à une bourse ? 2° Possède-t-il un fonds d'épargne pour faire face au chômage ou est-il affilié à un fonds d'épargne ? 3° Comment est organisé le service de constatations et de surveillance du chômage involontaire ?
B. *Quant à la viabilité du Fonds.*	1° Le versement de l'assuré est-il établi d'une manière efficace ? 2° Depuis et jusqu'à quel âge peut-on se faire assurer ? 3° A qui l'administration et la surveillance sont-elles confiées ? Est-ce à des personnes intéressées à la prospérité du fonds ?
C. *Quant à l'importance du Fonds.*	1° Nombre des membres affiliés au fonds. 2° Extension territoriale du fonds. 3° Quels sont les secours alloués pendant l'année ?

Il nous eut semblé équitable de faire entrer en jeu un facteur que Liège avait déjà écarté : l'importance des sacrifices consentis par le syndicat pour assurer l'existence de ses chômeurs.

En novembre 1903, le *Conseil provincial du Hainaut* a été saisi, par l'association fraternelle des employés de l'arrondissement de Charleroi, d'une de-

mande de subvention en faveur de sa caisse de chômage. La demande a été renvoyée pour examen à
une session ultérieure.

Le Conseil provincial de la Flandre orientale a été
saisi, à sa dernière session, d'une proposition de
M. Abel tendant à la création de caisses de chômage
provinciales. Le renvoi de cette proposition a été
fait à une commission composée de conseillers provinciaux et de spécialistes étrangers au Conseil. Des
agriculteurs ont été adjoints à cette Commission.
S'agit-il d'une tentative nouvelle dans sa forme et
dans son but? ou d'une subvention à répartir aux
syndicats de la province? Voilà ce qu'il nous a été
impossible de préciser.

Le défaut le plus grave que nous semblent présenter
ces deux tentatives est un certain manque de souplesse qui leur serait nécessaire pour se modeler
à la vie syndicale. Le système municipal de Gand,
que nous étudierons dans le chapitre suivant, présente justement à nos yeux cet avantage de n'être
fixé *a priori* que sur le pourcentage de la subvention
et non sur son importance qui croîtra dans le même
rapport que l'importance des sacrifices ouvriers.

Tout mode de subvention qui déterminerait à
l'avance l'importance de cette dernière nous paraît
donc pleinement défectueux et gros d'injustices.

IV. Le législateur belge a été, en 1901, appelé à
discuter la question du chômage. Le 15 octobre 1901,

le chef du Cabinet belge déclarait beaucoup s'intéresser aux efforts faits à Gand et ailleurs pour encourager les institutions de prévoyance en vue du chômage. Il engageait les autres villes à suivre la voie
déjà ouverte. Le pays a répondu, au delà de toute
espérance, à l'encouragement platonique du Gouvernement. Neuf sur dix des communes de plus de 50.000
habitants et la majorité des communes de plus de
25.000 (1) sont déjà organisées pour atténuer, dans la
mesure du possible, les effets désastreux du chômage.

Et cependant, ce n'étaient pas des constatations semblables que réclamait le représentant, M. Anseele, le
15 octobre 1901 (2).

« Que diriez-vous, Messieurs, si en ce moment nous
pouvions vous faire le reproche qu'aucune commune
du pays n'est pourvue d'un service d'incendie ? Que
diriez-vous, si nous pouvions vous reprocher qu'il
n'existe pas de service national d'hygiène, que vous
êtes désarmés contre les maladies contagieuses ?
N'est-il pas vrai, Messieurs, que si un membre de la
Chambre venait vous adresser un reproche pareil,
vous en seriez rouges de honte ?

« Et, Messieurs, qu'est-ce donc que le choléra, l'incendie et la peste en présence du chômage ? Le chômage, c'est tout cela réuni.

(1) L. Varlez, *Les formes nouvelles d'assurance contre le chômage.*
(2) *Annales parlementaires,* Chambre des Représentants, 15 octobre 1901.

« Notre situation est en effet si malheureuse que notre vie est suspendue à un fil de soie : à la moindre diminution de salaire, ou manque de travail, le fil de soie est coupé, et de pauvres diables s'en vont par milliers, sous la couverture verte, dans le cimetière de leur ville ou de leur village !

« Le chômage, c'est la faiblesse des caractères, c'est l'augmentation de la prostitution; c'est l'anéantissement de l'homme, de la femme, de la famille ouvrière, et cependant vous êtes au ministère depuis 1884, depuis 17 longues années, et rien n'a su s'opposer à cette calamité. »

On ne saurait concevoir un réquisitoire plus chaud en faveur de l'intervention de l'État. Le risque de chômage comparé au risque d'incendie, le chômage assimilé à la peste et poursuivi par des mesures d'hygiène nationale !

« Nous vous soumettons des propositions, continuait M. Anseele, et vous ne pouvez pas dire qu'elles ne sont pas sérieuse : créez des comités d'assurance pour les localités atteintes par la crise, donnez de l'argent, c'est facile ; obligez les communes à organiser un service de chômage comme on les astreint à organiser d'autres services, et ce service une fois établi, exigez qu'il soit soutenu par la province et par l'État, et vous aurez fait votre devoir. »

Mais le ministère, tout en reconnaissant l'utilité de mesures à prendre, s'en remet à « l'initiative des travailleurs eux-mêmes, aidée par l'administration communale et facilitée par la réglementation récente sur les unions professionnelles ».

Même sort et même réponse étaient réservés en 1903 à M. Anseele, et à sa proposition d'allocation de subventions officielles pour encourager les villes qui organisent ou subventionnent l'assurance contre le chômage (1).

M. Francotte, ministre de l'Industrie et du Travail, animé des meilleures dispositions vis-à-vis des caisses de chômage communales, se réserve la faculté d'intervenir ultérieurement. L'amendement présenté par M. Anseele, « le caractère informe de sa demande de crédit en rendait actuellement l'adoption impossible par le Gouvernement ».

Et cependant le mouvement belge en faveur de l'assurance chômage mérite un puissant encouragement de la part de l'État. Il ne s'agit pas là d'une création de toutes pièces que le législateur serait chargé de forger, cette création s'implanterait difficilement. M. Anseele disait fort bien en 1901 : « Donnez de l'argent, c'est facile » : c'est résumer l'œuvre que doit au pays le gouvernement belge. Il a le devoir de rendre plus intense la vie sociale des syndicats qui, tout en couvrant le pays entier, ne comptent pas la majorité des travailleurs. Intensifier l'œuvre des syndicats, des 22 fonds de chômage créés et de tous ceux qui sont en voie de formation, tel est le but à

(1) *Annales parlementaires*. Chambre des Représentants, 31 juillet 1903.

atteindre. Le cadre est prêt, disons-nous, le réservoir est étanche, la réserve seule y manque. Et tout le rôle d'un État semble pour nous se limiter à activer, dans la mesure de sa grosse masse, la force des individus qui la composent. L'intervention de l'État nous semble souvent inutile et plus souvent dangereuse lorsqu'il s'agit d'une création en faveur de l'individu. Elle nous paraît inévitable et juste lorsqu'elle a pour but d'encourager et de soutenir une œuvre utile entreprise par une collectivité incapable de la mener seule à bout. « Donner de l'argent », pour l'État c'est facile, constituer des caisses de retraites et des caissses de chômage assez souples, assez vivantes, pour assurer la sécurité des retraités, et des chômeurs nous paraît en dehors des pouvoirs de l'État, en dehors de son action inévitablement trop rude et trop uniforme.

Pour terminer, disons que M. Denis, député, a formulé devant le Parlement belge un projet de loi où se trouve développé le principe d'une intervention financière de l'État en faveur des caisses de chômage. Un crédit de plus d'un million de francs est prévu dans ce but.

Souhaitons au Parlement belge d'entrer un des premiers dans cette voie de lutte active contre le chômage (1).

(1) L. Varlez, *Loc. cit.*

CHAPITRE II

Le fonds de chômage de l'agglomération gantoise.

I. Dans sa séance du 19 décembre 1898, le Conseil communal de la ville de Gand décida de confier à une Commission spéciale une enquête sur le chômage et sur les moyens à adopter pour en atténuer les graves conséquences. Sa composition fut définitivement fixée et les commissaires désignés par arrêté du 13 mars 1899. Elle comprenait 6 conseillers communaux, 6 industriels, 6 ouvriers et 4 économistes. Trois employés lui furent adjoints le 30 juin 1899, la commission ayant décidé de « faire porter ses études et ses investigations sur les conditions du chômage chez les employés dont la rémunération n'est pas supérieure à 1.500 fr. par an ».

Les délibérations commencées le 12 juin 1899 aboutirent douze mois après. Le rapporteur présenta, le 14 juin 1900, un compte-rendu des opérations de la commission et le plan mûrement réfléchi d'une institution d'assurance contre le chômage d'un caractère absolument nouveau. L'influence qu'exerce l'institution créée à Gand par ce comité lui fait grand honneur et prouve son excellence. Ses résultats viennent, preuve surabondante, confirmer encore l'opinion de tous. Le fonds de chômage de Gand n'est donc pas seulement une institution de belle allure administrative, d'ordonnance impeccable, c'est une œuvre avant tout utile, une œuvre de soutien et de relèvement social.

Le mécanisme général du système est des plus simples.

Un comité sera chargé par le conseil communal de répartir une somme fixée à l'avance à titre de subvention.

Cette somme servira à majorer, et si possible de 100 %, les indemnités versées par les syndicats à leurs chômeurs. La ville doublera l'effort du syndicat. Elle doublera l'effet de la prévoyance ouvrière. En outre, et comme tous les chômeurs ne sont pas affiliés à des syndicats et que la prévoyance, quelle que soit sa forme, doit être doublée dans son résultat, tous les retraits d'épargne, effectués sur leurs livrets par les ouvriers en chômage, seront majorés dans les limites de 1 franc par jour et de 50 francs par an.

Le principe de la charité étant répudié par le fonds de chômage de Gand, les imprévoyants ne sont pas secourus par lui; mais ceux que leurs salaires font imprévoyants par force ne le sont pas davantage.

De plus les ouvriers à gros salaire dont la cotisation à la caisse syndicale pourra être plus forte nous semblent devoir participer, d'une façon plus large, aux majorations municipales. Telles sont les critiques. Mais nous ne voyons guère comment il serait possible de les éviter. Le maximum des indemnités limite déjà les conséquences de ce défaut. La ville fait, par l'intermédiaire du fonds de chômage, un effort semblable, si la majoration atteint 100 %, ou proportionnel à celui de l'ouvrier si cette majoration n'est que de 60 ou 80 %. Mais l'effort de la ville n'est proportionnel qu'au résultat de celui de l'ouvrier. Il n'est pas tenu compte de la difficulté qu'a le petit salaire à s'assurer une indemnité de chômage minime. L'intensité de cet effort est beaucoup plus grande que celle de celui du gros salarié qui profite plus largement des subsides de la ville puisque sa prestation pécuniaire à la caisse syndicale étant plus forte, son indemnité de chômage sera plus élevée et la majoration municipale en proportion avec cette indemnité. Il y a là une véritable injustice.

Quelles que soient notre critique et sa valeur, nous dirons toute l'importance qu'il convient d'attacher à l'œuvre de la ville de Gand. C'est une étape brillante, une victoire incontestable pour la cause ouvrière. C'est une fondation type capable de servir de base à des institutions nouvelles tant pour les organismes qu'elle a créés que pour les données qu'elle a permis de dégager.

Il n'est plus possible de dire que le chômage est un mal incurable : nous adresserons les sceptiques à M. Varlez, le véritable créateur du Fonds gantois ; nous mettrons sous leurs yeux les résultats des quatre premières années de fonctionnement de ce fonds, et ils seront inévitablement convaincus.

Écartant le principe d'une caisse communale d'assurance contre le chômage, véritable institution de bienfaisance, fort dispendieuse et sans grand effet pratique, évitant le principe de l'assurance obligatoire comme tyrannique, la ville de Gand base son action bienfaisante sur les syndicats ouvriers. Il ne leur paraît pas utile de créer de toute pièce une organisation à superposer aux syndicats déjà formés et qui groupent à Gand de 15 à 20.000 ouvriers. Mieux vaut leur prêter l'appui financier de la municipalité et sa force tutélaire.

Cette solution présente encore des avantages nombreux sur les caisses municipales. Les risques sont groupés par métiers ; toute l'administration, tout le contrôle résultant de la perception des cotisations et du versement des indemnités se fait rigoureusement et sans frais par les soins du syndicat.

Et, reconnaissant que cette solution rejetterait dans les syndicats tous les ouvriers désireux de participer aux subventions de la ville, la Commission, soucieuse de la liberté et de l'indépendance de tous, promet de majorer aussi l'effort individuel : l'épargne contre le chômage.

L'expérience que la Commission proposait le 14 juin 1900 au Conseil communal de Gand devait durer trois années et coûter à la ville une somme fixe de 60.000 francs. Aucun secours supplémentaire ne pouvait être réclamé en dehors des 20.000 francs par an, prévus à l'avance.

Les statuts furent arrêtés par le Conseil communal le 29 octobre 1900 ; le comité nommé le 18 mars 1901 et installé le 28 avril de la même année.

Il restait à élaborer les dispositions du règlement intérieur et, dès le mois de juin 1901, le Comité lançait un appel aux 64 syndicats et unions professionnelles de la ville.

Pour le premier exercice, 20 associations syndicales comptant de 8 à 9.000 membres sont affiliés au fonds. Le chiffre est considérable, si l'on sait que la caisse obligatoire de Saint-Gall elle-même n'a jamais groupé plus de 4.900 membres. Mais ce chiffre devait être dépassé rapidement en 1903, l'action du fonds s'étendait sur 35 syndicats de l'agglomération gantoise, comptant environ 18.000 ouvriers.

Abordons maintenant l'étude de l'administration du fonds de chômage gantois avant d'en dégager l'histoire et les résultats.

II. La subvention de la ville de Gand, élevée à la dignité d'une sorte de personne morale, « Le Fonds de chômage », est administrée par un comité de dix membres élus tous les trois ans dans lequel doivent figurer trois conseillers communaux et cinq membres des syndicats ou associations affiliés au fonds. Ce comité est nommé par le Conseil communal. Les candidats ouvriers sont désignés au choix du Conseil par leur syndicat.

La principale attribution du Comité est de fixer le dernier mardi de chaque mois, selon l'état de la caisse, le taux de la majoration qui sera accordée pendant le mois suivant.

Il doit en outre vérifier les bordereaux de secours versés par les syndicats.

Chaque année, il dresse le budget de l'œuvre et rédige un rapport détaillé. Il est en outre chargé d'examiner les statuts des associations qui demandent leur affiliation.

La fraude trouve le Comité armé aussi bien pour sa répression que pour sa constatation. Pour la constater, le Comité a le droit de consulter à tout moment la comptabilité syndicale et le livre des chômeurs. Pour la réprimer, le Comité peut appliquer l'article 15 du règlement intérieur.

« Les membres et les syndicats autorisent le Comité à publier la relation détaillée de tout cas de fraude qui serait démontré. »

Les moyens d'action du fonds de chômage sont au nombre de deux :

1° L'assurance contre le chômage.

2° L'épargne individuelle ou collective contre le chômage.

L'assurance contre le chômage est la partie du système gantois qui a fourni les meilleurs résultats, résultats au-dessus même de toute espérance.

Qui a droit aux majorations ? Les membres des syndicats affiliés, qui habitent les communes de l'agglomération gantoise depuis un mois au moins. Ces communes sont Ledeberg, Mont-Saint-Amand et Gendbrugge, qui participent aux dépenses du fonds.

Cette majoration ne pourra jamais s'appliquer à une pension de plus de 6 fr. par semaine.

En aucun cas, ne peuvent donner lieu à majoration les indemnités versées par les syndicats pour maladie ou accident, les indemnités de grève volontaire ou forcée ou de lock-out, les indemnités spéciales aux victimes, et les indemnités de voyage.

Les sommes versées en cas de chômage involontaire ou partiel, et encore faudra-t-il que ce chômage influe gravement sur le salaire et ne soit pas de quelques heures par jour (1), celles en cas de chômage involontaire total et celles versées en cas d'incendie de fabrique ou d'atelier et de *bris* de machine, sont seules susceptibles de majoration. Elles ne le sont que pendant une durée de 60 jours (2) par an. Toute-

____

(1) *Revue du Travail*, septembre 1903.

(2) Modification aux statuts à dater du 22 février 1903. La durée maxima pendant les trois premières années fut de 50 jours.

fois le fonds a cru utile d'inaugurer un *système de paiements différés* qui peut rendre et qui rend des services aux ouvriers que le chômage atteint plus de 60 jours par an. A cet effet, le chômeur qui a épuisé sa majoration syndicale sera admis à compléter cette majoration jusqu'à 100 °/₀. La différence sera inscrite sur un compte, établissant quelle somme il eût touché à titre de majoration, si celle-ci avait été de 100 °/₀ avec maximum de 1 franc par jour pendant 60 jours et quelle somme il a effectivement touchée. La différence entre ces deux sommes formera le crédit auquel ce chômeur aura droit lorsqu'il aura épuisé sa majoration normale et son indemnité syndicale le plus souvent. Cette indemnité sera versée, à raison de 0 fr. 50 par jour et de 3 fr. par semaine, sans jamais pouvoir dépasser la disponibilité obtenue par cette épargne sur la majoration. Bien que la caisse syndicale n'y ait pas d'intérêt immédiat, elle devra assurer la surveillance de ces chômages prolongés.

Le paiement des majorations normales, c'est-à-dire de celles qui ne dépassent pas 60 jours, est fait par les syndicats à titre d'avance. Ils en obtiennent le remboursement du fonds auquel ils adressent, dans les dix premiers jours de chaque mois, un bordereau dressé conformément à une formule fixe et indiquant :

1° Les sommes payées aux chômeurs ;

2° Les majorations déboursées pendant le mois écoulé.

Après vérification, le secrétaire-trésorier fera parvenir au délégué du syndicat spécialement désigné à cet effet le montant des avances consenties.

Tout autre est la complexité des mesures destinées à favoriser *l'épargne individuelle*. Un fonds spécial a été réservé pour encourager l'épargne de l'ouvrier qui n'a pas voulu être membre d'un syndicat. Ce système, que d'excellentes raisons semblent légitimer, n'a pas fourni les résultats qu'il eut été permis d'espérer. L'ouvrier, malgré une propagande énergique, n'est pas sorti de son apathie, et les milliers de livrets d'épargne que l'on compte à Gand sont restés en dehors du mouvement. Des sociétés ont été créées dans le but de réunir les livrets, sans obtenir davantage. 13 épargnants individuels avaient, en 1903, adhéré au fonds d'épargne.

Persuadés que l'obligation de dénoncer leur livret à l'Hôtel de Ville, pour en obtenir l'inscription au fonds d'épargne, était la cause de l'échec de leur entreprise, les membres du Comité ont modifié, en 1904, les dispositions du règlement à cet égard.

Au lieu d'indiquer à l'avance qu'il possède un livret d'épargne pour avoir droit aux majorations du fonds, le chômeur « devra faire une déclaration de chômage à la Bourse du Travail et y indiquer son domicile exact, sa profession et le nom de son dernier patron ».

« La Bourse du Travail sera ouverte, à cet

effet, de 10 heures à midi, tous les jours ou-
vrables. »

La nouvelle rédaction semble donner à l'épargnant
isolé toute facilité, et cependant le nombre est encore
trop petit de ceux qui profitent des majorations de
chômage. On ne saurait pourtant concevoir un régime plus libéral.

L'épargnant isolé est soumis à un contrôle très
actif de la part du fonds qui est ici seul chargé de
cette tâche.

« Art. 28. — Le directeur de la Bourse du Travail
dressera tous les jours, à midi, la liste des ouvriers
épargnants ayant fait la déclaration de leur chômage
dans le courant de la journée et la transmettra sans
délai au secrétaire-trésorier, qui prendra immédiatement les mesures nécessaires au contrôle de la réalité du chômage. »

« Art. 29. — Après vérification sommaire du chômage, et, au plus tard, dans les trois jours de la déclaration, le directeur de la Bourse du Travail donnera ou refusera l'autorisation de venir signer chaque
jour le registre des chômeurs ouvert à la Bourse du
Travail. »

« Art. 31. — Les retraits d'épargne opérés dans les
quinze jours qui suivront la signature du chômeur,
lui donneront droit à autant de majorations, calcu-
lées à raison d'un franc au maximum par jour, qu'il
aura signé de fois le registre dans la quinzaine qui
précède. Chaque signature ne donne droit qu'à une

majoration quotidienne. Aucune excuse ne sera admise pour l'omission de signer.

« Les majorations enfin ne seront versées qu'aux épargnants dont les livrets auront au moins trois mois de date, pendant 60 jours et dans les limites d'un maximum de 1 franc par jour. »

Enfin, et toujours pour ne pas encourir le reproche de ne favoriser que les ouvriers réunis en syndicats, et surtout devant le peu de résultats fournis par l'épargne individuelle, en modifiant le règlement de 1901, le Comité fit appel à tous les organismes ayant en vue l'épargne.

« Art. 40. — Le Comité est autorisé à accepter l'affiliation des corporatives, syndicats, mutualités, patronages, cercles d'ouvriers et d'employés, sociétés d'épargne et de toutes associations qui organisent dans leur sein |l'épargne collective ou individuelle contre le chômage. Des fermes industrielles et commerciales peuvent être admises dans les mêmes conditions à organiser l'épargne en vue du chômage. »

En un mot et de toutes façons, le fonds de chômage gantois s'efforce d'étendre son action bienfaisante sur l'épargne ouvrière en vue du chômage.

Mais nous devons dire que si le système de majoration des indemnités syndicales donne toute satisfaction et occupe le premier rang parmi les institutions analogues, en ce qui concerne l'épargne individuelle, le fonds de chômage s'est heurté au mauvais vouloir, à l'apathie ou à la méfiance de la classe

ouvrière. Toutes les dispositions à ce sujet, dispositions aussi libérales que possible, sont restées sans
effets véritablement appréciables.

Il nous reste à faire connaître maintenant les
résultats de cette organisation si originale, qui présentait toutefois *a priori* les garanties les plus réelles
de réussite. Il est facile de faire de l'histoire rétros-
pective, mais sans abuser de ce procédé, nous dirons
pourquoi le fonds gantois marchait, à notre avis, à
une victoire certaine.

En premier lieu, il s'adressait aux ouvriers déjà
syndiqués qui connaissent la mutualité, qui prati-
quent l'assurance contre le chômage. Une seule chose
pouvait les détourner de cette assurance : la modicité des indemnités que leur petit salaire leur per-
mettait d'acquérir. Devant la majoration de la ville,
le nombre des épargnants chômage que le récent
mouvement syndical belge avait groupé, se raffermit,
sûr désormais d'éviter, pendant un temps au moins,
les rudes conséquences du chômage. Les incrédules
se rallient en grand nombre à ce noyau de fidèles,
certains aussi que leur grand nombre ne sera pas
une cause sérieuse de diminution de la majoration.

Le fonds de chômage, de son côté, ne redoute
pas de fraudes. Pour qu'elles surviennent, ne faudrait-il pas la complicité des syndicats ; or, ces syndicats subissent les conséquences de cette fraude ;
elle leur cause un préjudice aussi réel qu'au fonds
communal qui ne verse d'indemnité que si le syndi-

cat lui-même a versé la sienne et avancé la majoration de la ville.

C'était donc pénétrer hardiment dans la vie syndicale organisée, réaliser un mutualisme parfait entre une ville bénéficiant de l'activité ouvrière et des ouvriers souffrant d'arrêts dans cette activité.

III. Abordons maintenant l'étude des résultats produits par le fonds de chômage communal.

La commission de création du fonds ayant prévu, d'après ses calculs, une dépense de 20.000 francs par an et les crédits votés pour 1901 n'étant que de 10.000 francs, le taux de majoration fut fixé à 50 °/₀.

Du mois d'août au mois de décembre 1901, 20 syndicats affiliés reçurent, pour 2.089 bénéficiaires, 6.253 fr. 84 de majoration et un total d'indemnité, en y joignant celle des caisses syndicales, de 24.129 fr. 03.

Voici le tableau des opérations en 1901 :

MOIS	INDEMNITÉS des Syndicats	MAJORATIONS
Août	3.757 85	1.220 87
Septembre.........	5.207 08	1.821 13
Octobre	3.141 72	1.137 03
Novembre.........	1.065 31	715 03
Décembre	3.712 33	1.340 28
Total.........	17.875 10	6.253 84
Secours total......	24.129 03	

Les dépenses du fonds furent dès les premiers mois d'autant plus considérables que sa création coïncidait avec une période de crise aiguë des textiles, et les indemnités pour arrêts de fabrique dans cette industrie furent si élevées qu'on résolut d'en réduire le taux, qui fut fixé à 30 °/₀.

En résumé, l'effort personnel des ouvriers représentant 74 °/₀ des indemnités, 26 °/₀ revenaient à la ville.

En 1902, la ville de Gand porta le chiffre de sa subvention à 15.000 francs, s'engageant, si le crédit était trop faible, à couvrir la dépense par le vote d'un crédit extraordinaire.

Le comité avait à sa disposition :

1° Réserve	3.746 fr.	16
2° Intérêts	309	23
3° Subvention	15.000	»
Soit au total.......	19.055 fr.	39

Le taux de la majoration fut donc maintenu pour tout chômage à 50 °/₀.

En octobre, et devant les fraudes dont les arrêts de machine étaient cause, le taux de la majoration, de ce chef, fut rétabli à 30 °/₀ d'une manière définitive et, en revanche, le Comité décida pour les mois d'hiver, où la misère est plus redoutable, de porter la majoration accordée aux ouvriers majeurs à 70 °/₀. Le tableau ci-après des opérations de . ᵒ? nous permet de constater que l'effort personnel a fourni 72 °/₀ de la dépense de 57.381 fr. 75 et que l'encouragement de la ville atteint 28 °/₀ (contre 26 °/₀ én 1901 : conséquence du taux de majoration à 50 °/₀ et 70 °/₀).

MOIS	INDEMNITÉ des Syndicats	MAJORATION
Janvier...............	4.797 39	1.853 12
Février	4.865 17	1.850 69
Mars	2.638 32	892 19
Avril	2.388 24	701 02
Mai.................	2.526 40	707 84
Juin.................	1.666 56	668 81
Juillet	5.205 46	1.894 11
Août	3.003 58	1.131 02
Septembre	2.722 02	995 33
Octobre............	3.234 69	1.151 01
Novembre	3.407 72	1.588 62
Décembre	4.755 15	2.357 29
	41.210 70	16.171 05

Soit un total d'indemnité de chômage.... 57.381 75

Au 1ᵉʳ janvier 1903, le budget des recettes du fonds de chômage s'élevait à :

1° Réserve de l'année antérieure... 2.883 fr. 81
2° Intérêts .... 388 »
3° Subvention de la ville......... 15.000 »
4° Crédit spécial................. 5.000 »

Total............ 23.271 fr. 81

Disons un mot tout de suite du crédit spécial de 5.000 francs voté par le Conseil communal sur la demande du Comité pour faire face aux dépenses occasionnées par les secours aux chômeurs ayant épuisé leur indemnité limitée à 50 jours.

« Par cette mesure, prise en faveur de gens totalement dépourvus de ressources, prévoyants, mais pour lesquels ; intensité de la crise actuelle a dépassé les limites de ce que la prévoyance ordinaire devait réclamer, on réduirait probablement assez sensiblement les charges de la charité publique et, en tout cas, on contribuerait à empêcher des gens, qui se sont toujours efforcés de vivre en citoyens libres, de devenir, pour toujours peut-être, des stipendiés de l'assistance publique » (1).

Une crise industrielle sévissait à Gand à la fin de 1902 et au début de 1903, crise d'une intensité si grande que le chômage avait augmenté de 150 %. Le fonds se trouvait donc aux prises avec de grosses difficultés, il lui faudrait redoubler de vigilance. La première mesure qu'il proposa au Conseil communal, nous venons de le montrer, eut pour objectif la misère imméritée du chômage prolongé. Elle fonctionna dès le 1er mars 1903.

Pour favoriser les syndicats où le chômage sévissait tout particulièrement et dont certains même avaient réduit leur taux d'indemnités, le Comité décide de majorer pendant les deux mois les plus rigoureux de l'hiver les indemnités syndicales de 100 % pour les adultes dans les limites de 0 fr. 75

____

(1) L. Varlez, *Rapport sur le fonctionnement du fonds 1901-1903.*

par jour (1). Pour les enfants et les femmes, et dans les cas d'arrêt de fabrique, le montant de la majoration restait fixé à 50 % avec maximum de 1 franc.

Pendant le mois de janvier 1903, au plus fort de la crise, les secours aux chômeurs atteignirent le chiffre de 13.016 fr. 12, dont 5.188 fr. 28 à la charge du fonds.

Enfin, l'année 1902 vit devenir le fonds de Gand intercommunal et s'étendre sur l'agglomération tout entière réunie autour de cette ville, Ledeberg, Mont-Saint-Amand et Gendbrugge, dont les conseils communaux ont voté chacun 1.000 francs (2). Chaque commune affiliée devait verser 250 francs pour frais d'administration et était autorisée à envoyer un délégué au Comité du fonds pour surveiller l'emploi des crédits.

Voici le tableau des opérations du fonds de Gand pendant les années 1903 et 1904 :

---

(1) Ainsi, un chômeur qui avait une indemnité syndicale de 6 francs recevait une majoration de 4 fr. 50, comme celui qui avait une indemnité de 4 fr. 50 (Varlez, *loc cit.*).

(2) La subvention de Mont-Saint-Amand, d'abord fixée à 750 francs, fut complétée dès septembre 1903.

1903

MOIS	INDEMNITÉS syndicales	MAJORATION
Janvier...............	7.287 84	5.188 28
Février...............	3.242 35	1.921 56
Mars	2.381 83	1.114 53
Avril...............	2.426 68	1.150 54
Mai...............	2.315 56	938 53
Juin...............	1.791 89	722 37
Juillet...............	2.077 90	1.151 63
Août	1.91* 49	868 08
Septembre	2.179 45	942 13
Octobre...............	3.635 47	1.232 85
Novembre.........	1.882 32	927 05
Décembre.........	3.862 10	2.806 03
	36.442 88	18.963 58

Total général des indem-
nités aux chômeurs.... 55.406 46

1904. — *(11 premiers mois).*

MOIS	NOMBRE de Syndicats	INDEMNITÉS des Syndicats	MAJORATION
Janvier...........	24	5.558 30	4.107 90
Février...........	22	4.921 37	2.829 08
Mars.......	22	2.689 89	1.342 79
Avril...........	21	3.787 45	1.651 62
Mai	16	1.948 64	1.073 25
Juin..............	19	1.754 67	851 94
Juillet	22	3.266 39	1.409 09
Août...........	23	2.692 30	1.124 34
Septembre	25	2.208 23	1.076 30
Octobre...........	23	4.161 57 (¹)	2.138 39
Novembre	25	3.223 73	1.506 67
Total.............		36.212 54	19.111 37
		55.323 91 (²)	

N. B. — La majoration est calculée sur le taux de
60 0/0 pour les adultes et 40 0/0 pour les mineurs et les
arrêts d'usine.

(1) La fermeture d'une filature de lin avait laissé beaucoup d'ouvriers sans travail.

(2) Ces chiffres sont fournis par la *Revue du Travail*, année 1904.

De plus, d'avril à novembre le fonds communal avait versé aux ouvriers en chômage prolongé 1.559 fr. 12 dont voici le détail (1) :

Avril	270 79	
Mai	170 55	
Juin	141 40	
Juillet	163 40	
Août	168 48	1.559 12
Septembre	161 75	
Octobre	220 60	
Novembre	256 15	

Mais si un succès absolument admirable et un développement inespéré attendaient le fonds d'assurance contre le chômage, *le fonds d'épargne individuelle* a trompé toutes les espérances.

Malgré des mesures actives de propagande, affiches, articles, circulaires par milliers qui furent répandus dans les milieux ouvriers sans grand résultat, treize membres seulement se sont fait inscrire pour toucher des indemnités dérisoires. Il est permis d'attribuer cet échec à une certaine apathie de l'ouvrier qui n'a déjà pas voulu s'affilier au syndicat de sa profession, à une certaine indolence. A quoi bon prévoir le chômage, pense-t-on ? Et dès qu'il survient, on ne peut plus être affilié au fonds, puisque trois mois de stage sont nécessaires. N'est-il pas plus à présumer que l'ouvrier qui épargne compte un peu sur ses propres forces, y a-t-il chez lui une certaine fierté, un amour-propre que blessent et la sollicitude du

____

(1) *Revue du Travail*, année 1904, passim.

fonds de chômage et les formalités de contrôle auxquelles il doit être soumis pour profiter des majorations communales ?

Il y a tout lieu d'espérer, au contraire, que les mesures adoptées dans les nouveaux statuts, mesures qui autorisent l'affiliation au fonds de toutes les sociétés organisant l'épargne, produiront d'excellents résultats.

IV. Favoriser l'épargne individuelle, pousser les ouvriers à se prémunir par leurs propres moyens contre les effets du chômage, les secourir sans leur faire la charité, contribuer d'une façon active et continue à leur émancipation, tel fut le but de la création de Gand.

Il semble surabondant de développer ici l'histoire du mouvement syndical gantois depuis la création du fonds, lorsque nous avons indiqué quelques chiffres empruntés au savant rapport de M. Varlez.

« En 1897, aucun syndicat n'avait de caisse de chômage solidement organisée ; en 1898, le montant de l'assurance syndicale s'élevait à 15.000 fr. » (1). Il fut porté à près de 50.000 en 1901, à 57.381 fr. 75 en 1902, à 55.406 fr. 46 en 1903, et pour les premiers mois de 1904, il atteint 55.325 fr. 95.

Ces chiffres sont toute la démonstration de l'efficacité de l'œuvre et la plus éloquente.

(1) L. Varlez, Rapport sur le fonctionnement du fonds 1901-1903.

Citons-en d'autres : en 1900, sur 144 syndicats belges, *11* (en majorité gantois) possédaient une caisse d'assurance chômage. En 1901, *52* sur 142 ; en 1902, *101* sur *214* avaient créé des fonds de prévoyance pour les chômeurs.

Cette statistique porte sur les syndicats socialistes : « Le développement est tout aussi frappant si on considère les syndicats catholiques, libéraux ou neutres, mais on ne possède pas de chiffres aussi précis » (1).

Et tandis que jadis la caisse de chômage n'était en Belgique que ce qu'elle est encore souvent en France, une institution ne fonctionnant que sur le papier et dont les ressources sont taries ou inexistantes, les caisses gantoises ont un fonctionnement efficace.

Il nous paraît utile d'insister aussi sur ce fait que la subvention répartie d'une manière si équitable est la causse unique d'une pareille prospérité.

Si la subvention est calculée par rapport au nombre des cotisants, les syndicats les plus forts et dont l'action a le moins besoin d'encouragement prennent une part trop élevée. Si la subvention est distribuée par rapport à la dépense effectuée, le syndicat le plus gaspilleur sera le plus favorisé, et par contre, celui auquel des revenus insuffisants ne permettront qu'une dépense insuffisante recevra une subvention plus insuffisante encore.

____

(1) L. Varlez, *Loc. cit.*

Rien de semblable ne se produit à Gand. L'action de tous les jours qu'exerce le Comité du fonds gantois mérite l'attention de tous. Nous avons vu avec quelle sollicitude, suivant les circonstances, les hommes dévoués qui le dirigent savent doser ou modifier la mesure de l'encouragement. Le succès de cette œuvre réside dans sa souplesse admirable ; aucune œuvre officielle n'ayant pu l'acquérir n'a obtenu un succès semblable.

Qu'il nous soit permis de reproduire ici les conclusions du rapport sur les premières années de fonctionnement (1) :

« La déchéance physique et morale qu'entraîne le manque de travail, le déclassement rapide et souvent irrémédiable qui en est la conséquence, le danger des fréquentations mauvaises et l'oisiveté forcée, les mauvaises suggestions de la faim, l'impossibilité de distinguer le fainéant du sans travail involontaire, constituent des dangers sociaux tellement graves que le philanthrope doit considérer le sauvetage d'une seule famille de sans travail comme une des œuvres sociales les plus méritoires qu'il y ait. Parmi les milliers de familles qui, au cours de ces deux ans, ont reçu des indemnitées de chômage, n'y eût-il qu'une sur cent qui ait été arrachée aux maux de la paupérisation, encore le fonds de chômage aurait-il été une œuvre utile et fructueuse. Songeons aux

(1) L. Varlez, Rapport sur les trois premières années de fonctionnement, 1901-1903.

sommes considérables que coûte au budget de la bienfaisance une seule famille de paupérisés. Or le chômage est la source la plus fréquente du paupérisme.

« Ce résultat si précieux, empêcher les sans travail de recourir à la bienfaisance publique ou privée, est obtenu sans qu'aucune déchéance équivalente ne soit occasionnée au chômeur. Bien au contraire, ceux qui touchent des indemnités syndicales ou retirent le produit de leur épargne font acte de prévoyance, et l'activité du fonds n'a pour but que de pousser les ouvriers dans cette direction.

« Quelque démodées que soient les devises, le Comité s'est efforcé de rester fidèle à celle qu'il avait choisie dès le début et qui est celle des nations fortes et prospères :

« Aide-toi, le Ciel t'aidera. »

« Aussi est-ce à l'unanimité que le Comité de fonds de chômage vous demande de continuer l'expérience que vous l'avez chargé de diriger pendant la première période d'organisation.

« Il vous fait cette demande tant à raison des services que l'œuvre rend à la classe ouvrière gantoise en la secourant dans sa détresse *sans porter atteinte à sa dignité,* qu'à raison de la nécessité de continuer encore la propagande de l'exemple en faveur d'une œuvre utile à la classe ouvrière.

« En maintenant cette œuvre, nous croyons que le Conseil communal de Gand fera non seulement une œuvre intelligente d'intérêt communal, mais une œuvre précieuse d'intérêt social. »

Adoptant cet avis, le Conseil communal de Gand
a voté, le 29 février 1903, l'organisation définitive du
fonds de chômage.

Nous disions au début de ce chapitre que la subvention de la ville était élevée au rang de personne
morale. Nous ne pouvons mieux le démontrer, après
avoir examiné l'institution, qu'en disant que le
Conseil communal a autorisé le fonds de chômage à
recevoir les dons et legs faits dans le but de développer de toute manière la lutte contre le chômage (1).

(1) *Revue du Travail*, mars 1903.

CHAPITRE III

I. Influence du fonds gantois en Belgique. — II. Les
Fonds de chômage devers Anvers 1902,
Bruges 1902, Louvain 1903, Malines 1903.
III. Bruxelles.

I. Le but de démonstration que le Conseil communal
de Gand s'était proposé en créant le fonds de chômage
a été pleinement atteint. Les ouvriers belges peuvent
dès maintenant constater qu'avec le très faible encouragement financier de la ville (au maximum 25 %),
ils ont réussi à se mettre presque totalement à l'abri
des conséquences les plus immédiates du chômage.
Les administrateurs de Gand n'ont donc pas uniquoment rendu à la classe ouvrière de cette ville un service immédiat, apporté une aide puissante : tout le
prolétariat belge profite de cette expérience qui, passant les frontières, a gagné la Hollande et la France.
Elle est devenue le type classique, le mieux étudié

et aussi le plus prisé des caisses communales de chômage.

II. Dès 1901, la ville d'*Anvers*, que sa grande population ouvrière désignait tout spécialement pour une seconde tentative de ce genre, entra dans la même voie que Gand. Sur la proposition de M. Cools, une commission spéciale fut chargée d'étudier la question de chômage et les moyens propres à en enrayer les conséquences dans une certaine mesure.

Un rapport fut déposé, lors de la discussion du budget de 1902, au Conseil communal qui concluait à l'adoption du système gantois. Le 27 décembre 1901, les conclusions furent adoptées et un crédit de 10.000 fr. inscrit au budget de l'année 1902 pour :

1° Soutenir les caisses de chômage déjà créées ;

2° Organiser une caisse d'épargne contre le chômage.

Les statuts de l'institution furent discutés en juillet 1902, et le 8 juillet le comité du fonds fut désigné par le Conseil communal. Il se compose de 10 membres dont 5 sont délégués des syndicats (2 catholiques, 2 libéraux, 1 neutre).

La majoration accordée par la ville aux syndiqués chômeurs sur leurs indemnités fut fixée à 100 % pour les trois premiers mois.

Le fonctionnement et le règlement du fonds anversois sont presque semblables à ceux adoptés par la ville de Gand.

Une différence capitale cependant en ce qui concerne l'épargne individuelle. L'article 26 des statuts stipule que l'ouvrier ou employé devenu membre du fonds spécial d'épargne en vue du chomage dépose son livret d'épargne à l'administration. Il lui en est délivré récépissé. Les opérations de retraits sont faites par l'intermédiaire du fonds, de même que les versements dont il est délivré aussi des récépissés.

Dès novembre 1902, le fonds groupait déjà 18 syndicats ; en décembre, le faubourg de Borgerhout fondait un crédit de 100 fr. et s'affiliait au fonds anversois ; Hoboken et Berchem suivirent à peu d'intervalle cet exemple.

Voici les résultats de la gestion pour les 4 premiers mois de 1901 :

MOIS	NOMBRE de Syndicats	INDEMNITÉS payées par les Syndicats	MAJORATION
Septembre.........	9	2.488 40	1.822 50
Octobre...........	11	2.346 30	1.415 50
Novembre.........	11	1.959 48	897 03
Décembre	14	1.993 25	1.449 45
Total		8.787 43	5.584 48
		14.071 91	

Les résultats de cette première période d'action parurent si favorables que de nouveau, pour 1903, le crédit fut voté par le Conseil communal qui le fixa à

10,000 francs et, dès le mois de mai 1903, à 17,500 francs. La caisse du fonds, mise largement à contribution, dut, à partir de septembre 1903, restreindre ses majorations. Le taux en fut réduit à 80 %. Les syndicats d'Anvers répondaient donc pleinement à l'initiative de la ville.

La *Revue du Travail* ne donne pas, au sujet du fonds spécial d'épargne individuelle, le moindre renseignement. Son succès n'a-t-il pas, comme à Gand, suivi celui du fonds destiné aux majorations syndicales ? Semblable opinion paraît d'autant plus vraisemblable que si à Gand on s'est efforcé de dispenser de toute formalité l'épargnant isolé, à Anvers on lui demande, au contraire, le dépôt de son livret et l'administration même de son épargne.

Cette réglementation ne nous paraît pas devoir encourager l'ouvrier à accepter les avances de la ville. L'isolé, auquel, on peut du moins le supposer, son indépendance est si chère, verra mal l'ingérence de la ville dans ses affaires personnelles. La capitalisation, si petite qu'elle soit, tient trop à rester ignorée pour avoir recours, même contre avantage sérieux, à un intermédiaire. Voici le tableau des opérations du fonds de chômage d'Anvers en 1903 et 1904 (1) :

---

(1) *Revue du Travail*, passim.

MOIS	NOMBRE de Syndicats	INDEMNITÉS versées par le Syndicat	MAJORATION
Janvier............	14	1.0?2 75	1.238 75
Février............	9	1.422 35	568 50
Mars............	9	1.433 10	588 »
Avril............	11	1.717 90	773 50
Mai............	6	1.337 40	464 75
Juin	6	1.390 30	595 40
Juillet............	8	1.692 30	595 40
Août............	12	2.251 25	1.043 60
Septembre	12	» (¹)	464 »
Octobre	13	1.235 20	550 40
Novembre.........	18	1.341 05	622 20
Décembre	18	1.668 70	1.011 82
		17.462 38	8.514 32
		25.976 70	

Pour les 6 premiers mois de 1904, *24* syndicats ont dépensé *11.511 fr. 95* et touché *8.171 fr. 05* à titre de majoration communale (2).

La commune d'Oboken, qui avait adhéré au fonds d'Anvers le 18 juin 1903, en mai 1904 se retire du fonds. Son crédit n'avait en effet pas été distribué parce qu'aucune association professionnelle de sa circonscription ne s'était soumise aux conditions fixées pour bénéficier d'une subvention.

A la suite de requêtes adressées au conseil communal de *Bruges* par différents syndicats professionnels de la ville, la commission du Commerce et de l'Industrie proposa au Conseil l'adoption d'un sys-

(1) Manque dans la *Revue du Travail.*
(2) *Loc. cit.*

tème de secours aux chômeurs analogue à celui de Gand (20 décembre 1902).

Toutefois la gestion du fonds spécial, faisant l'objet d'un crédit au budget de 1903, serait confiée au Collège échevinal, déjà chargé de la répartition des subsides aux mutualités de retraites. Les propositions de la Commission furent adoptées et dans cette même séance un crédit de 2.000 fr. fut voté par le Conseil communal.

Peu de données nous sont fournies par la *Revue du Travail* pour apprécier les résultats du fonds de chômage de Bruges. Il nous paraît cependant ne pas donner entière satisfaction à son créateur. Les syndicats sont-ils, à Bruges, moins nombreux et moins bien organisés contre le chômage que ceux de Gand et d'Anvers? ou bien l'administration de la caisse par le Conseil échevinal ne répond-elle pas aux mêmes conditions de souplesse et n'entre-t-elle pas en contact suffisant avec la masse ouvrière?

Voici les résultats communiqués en 1903 par l'Administration du Fonds à la *Revue du Travail* :

Mai 1903. — Syndicat neutre des ouvriers typographes de Bruges. — Dépense 72 fr. Majoration de 50 %, soit 36 fr. Premier syndicat participant.

Juin 1903. — Syndicat chrétien des ouvriers métallurgistes. — Dépense 50 fr. 50. Majoration 50 %, soit 25 fr. 25.

Septembre 1903. — Syndicat des ouvriers métallurgistes affiliés à la Gilde. — Dépense 33 fr. 50. Majoration 50 %, soit 16 fr. 75.

Novembre 1903. — Syndicat des ouvriers typographes. — Dépense 22 francs. Majoration 50 %, soit 11 francs.

Décembre 1903. — 4 syndicats. — Dépense 87 fr. Majoration 100 %, soit 87 francs.

Février 1904. — Syndicat des ouvriers typographes. — Dépense 24 francs. Majoration 50 %, soit 12 francs.

Mai 1904. — Le même syndicat. — Dépense 24 fr. Majoration 50 %, soit 12 francs.

Décembre 1904. — Syndicat des peintres et ouvriers du bois. — Dépense 35 fr. 50. Majoration 50 %, soit 17 fr. 75.

Les indemnités versées, on peut le constater (348 fr. 50 par les syndicats et 217 fr. 75 par la ville) sont de peu d'importance et dénotent une activité à peine développée des caisses syndicales de chômage.

La ville de Louvain fut saisie en février 1902 d'une demande de crédit présentée au Conseil communal par M. Meulemans, au nom du groupe socialiste, en exécution d'un vœu émis par la Fédération des ouvriers syndiqués de Louvain. Le conseiller socialiste sollicitait un crédit de 3.000 fr. pour subventionner les syndicats ayant une caisse de chômage. La demande resta sans suite.

En décembre 1903, les ouvriers réclament de nouveau à l'administration municipale l'application du système gantois afin « que le crédit voté par le Conseil communal soit affecté à l'encouragement de la classe ouvrière plutòt qu'à la bienfaisance officielle » (1).

Le budget de la ville de Louvain prévoit un crédit de 1.000 fr. destiné à secourir les chômeurs.

Une discussion très vive eut lieu cependant au Conseil communal lorsque furent examinés, le 29 février 1904, les différents systèmes de répartition de ce crédit.

Si aucune opposition ne se manifeste en ce qui concerne l'épargne individuelle, il n'en fut pas de même en ce qui touche les majorations des indemnités syndicales.

Tout ouvrier habitant Louvain depuis un an au moins, possesseur d'un livret d'au moins 50 francs, depuis trois mois, aura droit à un secours lorsqu'il sera en chômage.

Ce ne fut, avons-nous dit, qu'après une vive discussion que le Conseil communal adopta les mesures propres à encourager l'assurance syndicale contre le chômage.

Une indemnité proportionnelle au nombre des chômeurs dans le syndicat sera allouée par la ville, elle ne pourra jamais être plus de 100 % pendant plus de 50 jours pour un même ouvrier qui ne devra pas

____

(1) *Revue du Travail*, décembre 1903.

recevoir une majoration de plus de 1 franc par jour.

Le 31 août 1904 sur 9 syndicats affiliés, 7 seulement avaient demandé des subsides. Ils avaient reçu 720 francs et versé de leur propre caisse 1.443 francs pour 1.657 journées 1/2 de chômage.

La ville de Malines a créé, le 29 août 1903, un fonds de chômage doté d'un crédit de 500 francs et administré par un comité de 10 membres, dont 5 choisis parmi ceux des syndicats affiliés.

Auront droit à ces subsides : les syndicats et autres associations possédant une caisse de chômage. La majoration devra être versée pendant 50 jours, sans dépasser 1 franc par jour.

Le 1er avril 1904, *la ville d'Alost* décidait à l'unanimité de son Conseil communal de créer un fonds de chômage. Elle prenait comme modèle le fonds gantois.

En janvier 1905, les ouvriers du cuir de *Renaix*, sollicitaient de leur ville semblable création.

Très nombreuses, en effet, sont les villes, grandes et petites, qui se sont intéressées au sort des chômeurs et ont créé des institutions plus ou moins différentes entre elles mais qu'un caractère commun réunit cependant toutes : leur principal souci est d'encourager l'effort personnel de l'ouvrier.

Citons notamment : *Ixelles, Saint-Gilles, Saint-Joosseten - Nooden, Schaerbeeck, Verviers, Courtrai, Boom, Grammont, Roulers,* etc...

« Dans l'ensemble, depuis que le Conseil communal de Gand a voté, le 29 octobre 1900, la création d'un fonds d'encouragement à la prévoyance contre le chômage, 21 communes des plus importantes ont voté la création d'institutions du même genre. Sur dix villes de plus de 50.000 habitants, neuf possèdent des fonds de chômage, et dans la dixième, Bruxelles, la proposition d'adopter les statuts du fonds gantois n'a été rejetée qu'à deux voix de majorité » (1).

III. Examinons donc, et pour clore cette étude des institutions de chômage en Belgique, le fonds créé par la ville de *Bruxelles*.

Il procède d'un principe entièrement différent, nous pourrions dire contraire de celui de Gand. C'est une caisse de bienfaisance, à tout prendre, administrée par le bourgmestre.

Ce magistrat tient à sa disposition une somme de 10.000 francs par an, votée par le Conseil communal, et il est chargé d'en faire la répartition.

Les subsides peuvent être alloués pour une période de 4 semaines, annuellement, aux chômeurs :

1° Qui ont au moins trois mois de résidence à Bruxelles ;

2° Qui n'ont pas encouru de condamnation ;

3° Qui n'ont pas abandonné volontairement le travail.

(1) L. Varlez, rapport cité.

Nous tenons de l'amabilité de M. le bourgmestre de Bruxelles des renseignements très précis sur l'instruction des demandes de secours.

Le chômeur doit se présenter à l'hôtel de ville et remplir un bulletin que nous reproduisons parmi les annexes du présent chapitre (annexe n° 1). Ce bulletin est immédiatement transmis au service des casiers judiciaires. S'il revient sans mention de condamnation il est envoyé à la division de police qu'habite l'intéressé, à moins qu'il ne s'agisse d'un ouvrier syndiqué, auquel cas le syndicat est seul appelé à fournir des renseignements.

En même temps, une lettre est adressée au dernier patron du chômeur afin de connaître les raisons de son renvoi et vérifier s'il y a ou non chômage volontaire (annexe n° 2).

Le bourgmestre statue aussitôt qu'il est en possession de ces documents et il fixe l'indemnité à allouer au chômeur. Les propositions lui sont faites sur un tableau (annexe 3) où figurent aussi les requêtes qui ne peuvent être admises.

La décision du bourgmestre est ensuite notifiée à l'Intéressé (annexes 4 et 5).

Les subsides sont calculés en tenant compte des données suivantes :

A) *8 francs par semaine* aux chômeurs mariés ou veufs ayant plus de deux enfants, et aux célibataires soutiens de mère veuve ayant plus de deux enfants, à condition que le chômeur, et ceux qu'il doit soutenir, habitent sous le même toit que lui-même.

B) *5 francs par semaine* aux chômeurs mariés sans enfants ou ayant moins de trois enfants, et aux célibataires soutiens de mère ayant moins de trois enfants, même condition de résidence sous le même toit.

c) *3 francs par semaine* aux chômeurs célibataires.

La surveillance des chômeurs syndiqués est confiée à leur syndicat qui devra leur fournir un certificat hebdomadaire constatant qu'ils sont toujours en chômage et que malgré leurs recherches ils n'ont pas trouvé d'ouvrage.

Les chômeurs non syndiqués doivent chaque jour apposer leur signature sur le registre de chômage ouvert à la Bourse du Travail, alternativement à 11 heures et à 3 heures. Ces formalités remplies, ils pourront, le samedi, toucher leur indemnité hebdomadaire.

Nous ne connaissons pas les résultats financiers du fonds de chômage de Bruxelles, il nous semble toutefois que rien ne s'oppose au bon fonctionnement de ce service municipal.

Une critique toutefois nous paraît nécessaire. Pourquoi le bourgmestre doit-il refuser du pain et considérer d'un œil impitoyable la misère du chômeur qui possède un casier judiciaire ? Peut-être cette disposition a-t-elle été inspirée par ceux qui ont décidé l'intervention policière dans l'instruction de la demande de secours de chômage. Il eut fallut, c'est de toute évidence, créer un fonctionnaire pour vérifier les déclarations des chômeurs, cette création eut été une dépense pour la ville, mais à nos yeux l'institution eut gagné à se libérer de cette influence de la police : si paternelle qu'elle soit, n'est-elle pas la police toujours ?

Notre critique peut paraître trop sentimentale, nous n'en avons pas moins tenu à la consigner ici.

L'institution de Bruxelles date de 1902 et le crédit de 10.000 francs fut de nouveau voté en 1903 par 17 voix contre 15.

Les formes de ce vote et les circonstances dans lesquelles il fut exprimé démontrent d'une manière éclatante les dispositions peu favorables de la municipalité bruxelloise envers les syndicats ouvriers, auxquels on ne s'adresse que pour en obtenir des renseignements. Tout but d'encouragement à la prévoyance, toute idée de relèvement social fait défaut au fonds de chômage bruxellois qui n'est qu'une simple institution d'assistance publique.

Les syndicats professionnels ont du reste observé, vis-à-vis du fonds, une attitude peu sympathique ; certains même ont détourné d'une façon catégorique leurs membres de la caisse municipale (1).

(1) *Revue du Travail*, septembre 1902.

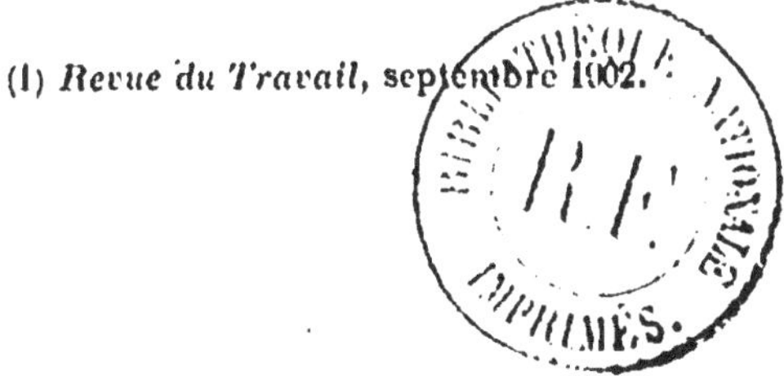

« En effet, les demandes de secours de la part de membres intéressants de la classe ouvrière bruxelloise furent si peu nombreuses que, après neuf mois d'existence, le bourgmestre n'avait encore pu distribuer que 2.641 francs de charité à 140 chômeurs, tandis qu'il résulte de la requête adressée au Conseil communal que, pendant les 6 premiers mois de l'année antérieure, les 29 syndicats affiliés à la commission syndicale seule avaient dépensé pour le chômage de leurs caisses 13.697 francs » (1).

En 1903, cependant, une tentative faite par les socialistes du Conseil communal, dans le but de faire adopter à Bruxelles le système gantois, échoua par 18 voix contre 16. Le système communal exclusivement de bienfaisance subsiste donc sans modifications.

(1) L. Varlez, *Les formes nouvelles d'assurance contre le chômage.*

[ANNEXE n° 1]

TRÈS URGENT   # Chômage involontaire.

Transmis à Monsieur le Commissaire de police de la   • Division, le tableau ci-contre, en le priant de me le renvoyer, dûment complété, le plus tôt possible.

Le   190   .

Le Chef de Division.

1. Nom du chômeur.	
2. Métier.	
3. Adresse.	
4. Le chômeur est-il *marié, veuf* ou *célibataire ?* Est-il soutien de ses parents ? Quel est le nombre *des enfants qu'il a à sa charge ?* leur âge ? Si les conjoints sont séparés, mentionnez-le. Ressources totales de la famille ?	
5. Nom et adresse du patron chez lequel le chômeur a travaillé en *dernier lieu.* Depuis quand chôme-t-il ? Dénomination et siège du syndicat dont il fait partie.	
6. Nombre de chambres occupées par le chômeur. Loyer qu'il paie.	
7. Durée moyenne approximative du chômage annuel de cet ouvrier.	
8. Temps pendant lequel il a été employé chez son *dernier patron.* Motifs pour lesquels il l'a quitté.	
9. Lieu et date de naissance du chômeur.	
10. Époque depuis laquelle il habite Bruxelles.	
11. Conduite et moralité du chômeur.	

N. B. — L'exactitude des réponses du chômeur aux questions posées aux §§ 5, 7 et 8 devra être rigoureusement vérifiée, spécialement en ce qui concerne la *cause du chômage de l'impétrant.*

[ANNEXE n° 2]

ADMINISTRATION
COMMUNALE
de
BRUXELLES

Fonds de Chômage

*Renseignements
de 2 heures à 3 heures 1/2*

18, rue du Lombard

Bruxelles, le   190   .

M   ,

M
demeurant
sollicite un subside sur le crédit de 10,000 francs voté par le Conseil communal, en faveur des ouvriers victimes du chômage involontaire.

Veuillez, je vous prie, me faire connaître si cet ouvrier qui a travaillé en dernier lieu chez vous, a quitté son travail volontairement ou si a été remercié faute d'ouvrage.

Agréez,   , l'assurance de ma parfaite considération.

Le Bourgmestre,

[ANNEXE n° 3]

Chômeurs recommandés par { le Syndicat professionnel. / la Bourse du Travail.

N° d'ordre	Nom du chômeur	Adresse	Composition de sa famille. Nombre et âge de ses enfants	Adresse de son dernier patron. Durée du chômage	Epoque depuis laquelle le chômeur est syndiqué	Secours payés au chômeur cette année par le Syndicat	Nombre de chambres que le chômeur occupe. Loyer qu'il paie	Durée moyenne approximative du chômage annuel de l'ouvrier	Temps pendant lequel il a été employé chez son dernier patron	Age du chômeur	Epoque depuis laquelle il habite Bruxelles	Observations

[ANNEXE n° 4]

Chômeur non syndiqué

ADMINISTRATION
COMMUNALE
de
BRUXELLES

7° Division

Fonds de Chômage

Bruxelles, le   *190* .

Monsieur,

J'ai l'honneur de vous faire savoir que Monsieur le Bourgmestre vient de vous allouer un subside provisoire de fr.

par semaine sur le crédit mis à sa disposition pour venir en aide aux travailleurs, victimes du chômage involontaire.

Afin de pouvoir toucher ce subside, vous aurez à vous présenter tous les jours, à la *Bourse du Travail*, rue de l'Amigo, 17, alternativement à 11 heures et à 3 heures, pour signer le registre des chômeurs.

Le subside sera payé le samedi de chaque semaine dans les bureaux de la 7° Division, rue du Lombard, 18, à 3 heures.

Agréez, Monsieur, l'assurance de ma parfaite considération.

Le Chef de Division,

Chômeur syndiqué.

***

ADMINISTRATION
COMMUNALE
de
BRUXELLES

7ᵉ Division

Bruxelles, le   *190* .

Monsieur,

J'ai l'honneur de vous faire savoir que Monsieur le Bourgmestre vient de vous allouer un subside provisoire de fr.   par semaine, sur le crédit mis à sa disposition pour venir en aide aux travailleurs victimes du chômage involontaire.

Afin de pouvoir toucher ce subside, vous aurez à présenter chaque semaine un certificat du président de votre syndicat, constatant que vous avez dû chômer toute la semaine, et que malgré vos recherches vous n'avez pas trouvé d'ouvrage.

Le subside sera payé le samedi de chaque semaine dans les bureaux de la 7° Division, rue du Lombard, n° 18, à 4 heures.

Agréez, Monsieur, l'assurance de ma parfaite considération.

Le Chef de Division,

LIVRE III

CHAPITRE PREMIER

Les caisses syndicales de chômage en France. — Vue d'ensemble. — Valeur réelle de ces caisses.

CHAPITRE II

Quelques pages d'histoire syndicale.

CHAPITRE III

Les caisses syndicales de chômage. — La caisse de la Fédération du Livre.

CHAPITRE PREMIER

I. Les caisses syndicales de chômage en France. —
II. Valeur réelle de ces caisses. —
III. Vue d'ensemble. — IV. Situation juridique
des caisses syndicales de chômage.

I. « L'enquête faite par l'Office du Travail, au commencement de 1903, établit qu'il existait, en 1902, 312 caisses de chômage, dont deux seulement fondées par les patrons, 3 indépendantes de tout syndicat et 307 fondées par ces syndicats.

« Elles comptaient, ensemble, plus de 30.000 membres qui avaient versé, dans l'année, 113.000 francs de cotisation » (1).

162 caisses dépendant de la Fédération du livre, et comprenant plus de 10.000 membres, il nous resterait encore, comme caisse libre de chômage, un groupe de 145 caisses avec 20.000 membres.

Telle était, au début de 1903, la situation des caisses

____
(1) Rapport de M. Millerand, 21 octobre 1904, n° 1982.

syndicales de chômage. Encore, les données présentées par cette enquête, ne font-elles aucune réserve sur la valeur des caisses qui figurent dans ce résultat. Il en est un grand nombre, pensons-nous, que la cotisation syndicale alimente dans de trop faibles mesures et qui se voient, le plus souvent, dans l'impossibilité de faire face à leurs engagements.

A quelques exceptions près, les caisses de chômage sont de création récente, et nous devons en chercher la raison dans l'histoire elle-même des syndicats. Ce ne fut guère qu'en 1884, lorsque l'existence légale des associations professionnelles fut reconnue, qu'elles songèrent, et avec une lenteur qui s'explique peu, à constituer des caisses de prévoyance.

Avant 1884, le syndicat qui prenait le masque de la société de secours mutuels, ne pouvait pas établir de caisses de chômage ; sa vie, du reste, était si précaire qu'il ne songeait même pas à une épargne que les événements pouvaient dissiper à tout instant,

La loi du 13 juillet 1850 qui reconnaissait et favorisait les caisses de secours mutuels n'avait pas voulu qu'il soit question de secours de chômage dans les attributions de ces sociétés.

Si le décret du 22 janvier 1852 décidait qu'une dotation de 10 millions, sur les biens de la famille royale déchue, serait affectée aux sociétés de secours mutuels, si le décret-loi du 22 mars 1852 prescrivait qu'une société de secours mutuels serait créée, dans chaque commune, par les soins du maire et du curé, des réserves sévères étaient faites pour le cas où ces sociétés voudraient secourir les chômeurs.

Une instruction ministérielle, du 29 mai 1852, relative à l'exécution du décret précité, disait aux préfets :

« Dans aucun cas vous n'approuverez la promesse de secours en cas de chômage : cette condition ne serait pas seulement un principe de ruine et de démoralisation, puisqu'elle tendrait à encourager la paresse et à faire payer au travail une prime à l'insouciance, mais elle porterait, en elle, le germe de toutes les grèves et l'espérance de toutes les coalitions. »

Devant des prescriptions si sévères, il est fort compréhensible que les sociétés de secours mutuels ne se soient pas consacrées au chômage.

Mais, depuis 1884, pourquoi le mouvement ne s'est-il pas dessiné plus largement, et rapidement étendu à tous les syndicats existants?

La lutte contre le patronat, et le combat pour les revendications ouvrières, semblent seuls avoir totalement accaparé l'énergie syndicale. On paraît avoir trop compté sur l'avenir, dans nos syndicats, pour assurer le présent. La société idéale, vers laquelle veut marcher le monde ouvrier, n'abolira-t-elle pas le chômage avec toutes les misères dont souffrent les salariés? Or, pour assurer cette marche vers cette société future, on songea bien plus à des caisses de résistance et de grève qu'à des caisses de chômage, qui auraient pourtant soulagé un mal considérable et présent.

De plus, les salaires dans nos industries sont-ils suffisants pour permettre l'épargne à nos ouvriers ? On le nie généralement et c'est la raison donnée comme la seule cause du peu de développement des institutions syndicales (caisses de retraite, de chômage). Cette raison est-elle la véritable, ou l'instinct de la prévoyance, qui caractérise le type bourgeois, fait-elle totalement défaut à l'ouvrier ? Nous voulons le penser, mais a-t-on l'habitude de parler aux ouvriers avec tant de franchise ?

Quelles que soient les entraves qu'il ait rencontrées dans son mouvement, l'effort vers l'assurance du chômage ne nous paraît pas avoir atteint ce qu'il nous est permis d'espérer, étant donné le besoin pressant auquel il répond.

II. Nous avons dit le petit nombre des caisses de chômage créées par les syndicats. Nous avons, de plus, émis des doutes sur leur valeur réelle et sur leur force. *Ont-elles vraiment secouru, dans une mesure suffisante, des ouvriers en chômage ?* Voilà ce qu'il nous faut examiner pour justifier nos observations.

Si nous soustrayons des résultats financiers présentés par M. Fagnot (1) dans son rapport au Conseil supérieur du travail, ceux de la gestion des groupes syndicaux les plus importants (Fédération du Livre,

_____

(1) *Les Caisses de chômage,* p. 10.

Fédération Lithographique, Chapeliers, Céramistes), nous arrivons à constater qu'il convient de faire de sérieuses réserves sur l'intensité du mouvement syndical en matière de chômage.

	NOMBRE de Caisses	NOMBRE de Membres de ces Caisses	NOMBRE de Chômeurs	NOMBRE de Journées de Chômage payées	INDEMNITÉS
Résultats présentés par le nombre total des syndicats.	310	30.207	3.905	85.598	188.040 90
Résultat total, 4 groupes syndicaux étant exceptés...	*112*	*15.887*	*1.761*	*29.182*	*59.440 35*
Activité de ces 4 groupes.........	192	14.410	2.234	50.416	136.407 55

Ces chiffres nous permettent de dégager l'observation suivante : en écartant les 4 groupes que nous avons indiqués et dont les caisses de chômage sont en pleine intensité de fonctionnement, il n'existe en France, pour toutes les autres industries, que 112 caisses syndicales assurant le risque chômage. Elles ne comprennent que 15.887 membres ; 1.761 chômeurs ont touché en moyenne, pendant 19 jours environ (29.182 journées de chômage), 52.443 fr. 35, soit approximativement 1 fr. 50 à 1 fr. 75 par jour. Le résultat est certes appréciable, mais à côté de ces constatations qui paraissent satisfaisantes, n'avons-nous pas dégagé que la moyenne des chômeurs, la moyenne la plus favorable, dépassait 300.000 individus. Les ouvriers du Livre, de la Lithographie, du Chapeau et de la Céramique ont peut-être bien été tous secourus, mais les autres ? 1.761 seulement ont touché une indemnité de 52.443 francs.

De plus, pour les chômeurs secourus, notre comparaison ne montre-t-elle pas clairement que les 4 grands groupes syndicaux ont fait un effort bien plus considérable que tous les autres. Ils ont accordé à leurs sans travail, de 1/4 supérieurs en nombre, une indemnité dont le total est presque le triple en valeur :

2.234 chômeurs ont reçu..   136.497 fr. 35

à côté 1.761   —   —   ..   52.443 fr. 55

Encore est-il bon d'ajouter que ces 4 groupes réunissent un nombre de cotisants à peine inférieur à 1.000 à celui de tous les autres syndicats français ayant créé des caisses de chômage.

L'action syndicale ne semble donc pas avoir, en ce qui concerne le chômage, acquis une activité suffisante et, sauf un très petit nombre d'institutions de secours vraiment sérieuses, rien ou presque n'a été fait pour soulager les souffrances d'ouvriers sans ouvrage.

III. Il nous reste à examiner avec plus de détails les caisses de chômage purement ouvrières. Presque toutes ont été fondées par les syndicats, et si nous sommes bien renseignés, il n'en est guère que trois faisant exception à cette règle. La *Solidarité* des coupeurs et brocheurs en chaussures, de Paris (1) et la *Société de secours mutuels des modeleurs et mouleurs en plâtre, de Limoges*, constituent deux créations indépendantes. Une troisième caisse, la plus ancienne puisqu'elle fonctionne depuis 1803, est adjointe à la *Société de bienfaisance des gantiers de Grenoble*. Un siècle d'existence consacre la solidarité de cette institution et démontre aussi la possibilité de l'assurance contre le chômage par les groupements ouvriers. Et cependant combien peu nombreux sont ceux qui consentent à adhérer aux caisses, combien peu nombreux sont les syndicats qui ont désiré prémunir leurs cotisants contre ce risque ! Du reste, nous devons constater que ces deux facteurs ne concourent pas avec une égale force à la constitution du résultat que nous déplorons ici. Six caisses seulement ont réuni plus de 500 adhérents, alors que 96 en réunissent 100 et au-dessous.

L'imprimerie est en réalité la seule industrie où l'assurance contre le chômage soit très développée.

La *Fédération du Livre* a compris que le monde ouvrier se ralliait difficilement aux caisses locales à cause du peu de garanties qu'elles peuvent en général présenter. Elles comptent un petit nombre de membres et, par suite, leur capital ne peut être que très restreint. La moindre crise le dissipe, ce capital fragile !

(1) *La Solidarité* est toutefois une caisse d'origine syndicale (V. au Ch. III).

Si au contraire une forte centralisation des cotisations groupe au siège de la fédération la masse entière de tous les fédérés, la dépense se répartit sur cette somme importante et ne risque pas de l'absorber entièrement. La majorité des cotisants d'une caisse syndicale ne peut pas être frappée par le chômage, des réserves peuvent être constituées et un calcul véritablement mathématique peut présider à la répartition des indemnités par rapport à la quotité des primes. L'épargne prend donc une autre forme plus logique, plus solide, capable d'inspirer confiance et de justifier des sacrifices de la part des ouvriers.

L'exemple de la ville de Gand prouve du reste combien la confiance même des ouvriers assure la réussite des caisses syndicales de chômage.

Il convient donc de ne pas décourager les efforts déjà tentés en France. Que ces efforts soient favorisés par les patrons (ce qui nous semble équitable) ou par les communes ou par l'État ; il nous paraît nécessaire d'apporter un appui précieux aux Syndicats, en ne se bornant pas à constater l'insuffisance plus ou moins grande du chemin parcouru.

IV. On s'est demandé, au cours de la discussion qui s'est produite au Conseil du Travail, sur les mesures propres à favoriser le développement des caisses de chômage, quelle était la situation légale de ces caisses et si la loi de 1884 les autorisait.

L'article 6, § 4, dit : « Ils (les Syndicats) pourront sans autorisation, mais en se conformant aux autres dispositions de la loi, constituer entre leurs membres des caisses spéciales de secours mutuels et de retraite. »

Le même article 6 laisse toute liberté aux syndicats pour l'emploi des fonds provenant des cotisations et pour la fixation des taux de ces cotisations.

« Ils (les syndicats) pourront employer les sommes provenant de cotisations. »

Ce principe consacré par la loi semble laisser toute latitude aux associations professionnelles pour pourvoir au fonctionnement de tous services de secours qu'il leur paraîtra indispensable de créer en faveur des ouvriers.

De plus, la loi de 1884, en accordant la personnalité civile aux Syndicats, ne leur laisse-t-elle pas tous les droits suffisants pour l'administration des caisses de chômage ? Cette personnalité n'est restreinte que sur un point, en ce qui concerne les achats d'immeubles (art. 6, § 3) ; elle est libre d'agir au mieux de ses besoins dans tous les autres cas.

Il n'est donc pas justifiable, dans ces conditions, de limiter de quelque façon que ce soit les droits des syndicats, alors que la loi de 1884 est une disposition de faveur qui fut votée spécialement à leur égard lorsque les associations étaient encore soumises au régime draconien des articles 291, 292, 293 et 294 du Code pénal.

La liberté de se constituer et d'agir qui fut alors accordée aux associations professionnelles ne doit être restreinte en aucune manière, sauf par la loi. Or la loi est muette en ce qui concerne les caisses de chômage. Elles ne peuvent donc agir sans être interdites : elles doivent profiter de tous les avantages de la personnalité accordée au Syndicat.

En ce qui concerne les *fédérations de syndicats*, au contraire, la loi paraît muette. Une lacune reste donc à combler, pour donner à ces institutions, appelées à réaliser avec une grande sûreté l'assurance chômage : la personnalité morale nécessaire pour mener à bien leur œuvre.

CHAPITRE II

Quelques pages d'histoire syndicale.

La disparition des corporations et le vote par l'Assemblée Constituante, le 14 juin 1891, de la célèbre loi Le Chapelier, laissaient entièrement désorganisée la masse des travailleurs.

« C'est à la nation, avait dit le représentant Le Chapelier à la tribune de la Constituante, c'est aux officiers publics, en son nom, à fournir des travaux à ceux qui en ont besoin pour leur existence... »

Quels moyens comptait employer la Constituante pour mener à bout une tâche si méritoire mais aussi si accablante ? Son œuvre au point de vue ouvrier ne semble s'être bornée qu'à des mesures de police et de sûreté. Le spectre des anciennes corporations la hantait ; elle ne concevait pas de groupements d'intérêts particuliers. La nation pour elle réunissait et centralisait ces intérêts divers pour les satisfaire et les endiguer.

Et cependant ses prescriptions furent à peine respectées : « D'après le premier compte rendu officiel dressé en 1853, 45 des Sociétés fonctionnant alors avaient été fondées antérieurement au xixe siècle; on sait aussi que, sur 14 sociétés existant à Paris en 1800, 10 étaient professionnelles » (1).

La première caisse de chômage semble, si nous sommes bien informé, avoir été fondée à Grenoble par les gantiers le 27 germinal an XI, sous le nom de *Société de prévoyance et de bienfaisance mutuelle des ouvriers gantiers.* Ils se réunirent au nombre de 108 avec l'autorisation du maire et adoptèrent le règlement d'une société de bienfaisance ayant pour but de secourir les malades et les chômeurs.

« Art. 1er. — Le seul objet que se proposent les gantiers, en formant un bureau de bienfaisance, est de procurer des secours à ceux de leurs confrères qui peuvent tomber malades et se trouver dans l'indigence. »

Et l'art. 2 redoutant de voir le groupement fondé tomber sous les coups de la loi de 1791, réserve :

« Art. 2. — La médiocrité de leurs moyens, les force à mettre de justes bornes à leur zèle et à n'admettre que les gantiers à la participation de leur petite épargne. Toutefois, ils protestent que, *fidèles observateurs de la loi du 14 juin 1791, ils*

____

(1) *Les Associations professionnelles ouvrières.* t. I.

n'entendent aucunement rappeler ou représenter une corporation, ni s'occuper jamais, dans l'établissement qu'ils forment, d'aucun autre objet que du soulagement de leurs confrères malheureux. »

Le 1er floréal an XI, le préfet autorisait la société et approuvait le règlement.

Tout ouvrier gantier, pour avoir droit à l'indemnité de chômage, qui ne semble jamais avoir été inférieure à 1 fr. par jour, devait présenter un certificat du dernier maître chez lequel il avait été employé faisant connaître les motifs de son renvoi, et une attestation signée de trois maîtres de la profession chez lesquels il se serait présenté sans obtenir de travail. Le règlement fut modifié ultérieurement et le soin du placement confié à un employé salarié de la société.

En 1838, M. X. Jouvin, ayant inventé une machine destinée à couper automatiquement les gants, et une grande crise menaçant de sévir, il proposa à la société de prélever à son profit 0 fr. 05 par douzaine paires de gants qu'il ferait fabriquer du 1er janvier 1840 au 30 juin 1849, date de l'expensation du brevet d'invention de sa machine. La société perçut de ce chef une somme totale de 10.543 fr. 80. Cet exemple fut suivi et l'est encore dans les ateliers de gantiers.

N'y a-t-il pas là une sérieuse indication à retenir ? Ne pouvons-nous pas espérer que les effets immédiats du machinisme recevront une atténuation importante le jour où, dans toutes les industries, les patrons voudront prélever sur les bénéfices que leur procure l'intervention de la mécanique quelques centimes pour soulager les chômeurs ?

Les résultats financiers de la Société des gantiers de Grenoble sont susceptibles aussi d'attirer notre attention. *De 1852 à 1875, 85.581 fr. furent distribués aux chômeurs ;* la grande crise de la ganterie vit la société distribuer *en 1876, 11.336 fr. 50, en 1877, 12.506 fr. 30,* sans affaiblir notablement son fonds de réserve qui s'élevait en 1898 à :

En caisse....................	181.320 fr. 60
Caisse de retraite..........	1.964 fr. 32
Capital pour le service des pensions....................	42.248 fr.
Total............	225.532 fr. 92 (1)

Nous retrouverons peu, dans la suite de cet essai sur l'histoire syndicale, de sociétés ayant réussi d'une manière aussi complète à assurer le chômage. Au contraire les nombreuses sociétés de secours mutuels qui avaient voulu embrasser le chômage se voient interdire cette opération considérée, nous l'avons vu, comme dangereuse au point de vue social, et comme susceptible d'épuiser la caisse des sociétés de secours mutuels.

Une ordonnance du maire de Lyon du 6 novembre

______

(1) *Loc. cit.,* t. II.

1822 prouve la défaveur dont jouissaient à cette époque les institutions de chômage (1) :

« Nous, Maire de la ville de Lyon, considérant qu'il existe à Lyon, entre les ouvriers des diverses professions, plusieurs sociétés de bienfaisance et de secours mutuels dont les règlements, arrêtés à des époques déjà éloignées, ne contiennent pas toutes les dispositions dont l'expérience a fait reconnaître les nécessités ;

« *Considérant qu'il importe de ramener les dites sociétés au seul but que l'Administration s'est proposé en autorisant leur établissement ; que ce but n'est, et ne peut être, que le soulagement des malades, vieillards et infirmes de la Société ;*

« Ordonnons ce qui suit : »

Suivent une série de dispositions de comptabilité qui rendent impossible toute distribution de secours aux chômeurs. A tout instant la police pourra prendre connaissance du livre de débit et de crédit.

« Art. 6. — Toute caisse particulière, tout registre dissimulé, toute rétribution quelconque, autre que celle déterminée par les règlements approuvés, sont sévèrement prohibés, à peine par les contrevenants d'être poursuivis selon toute la rigueur des lois.

« Art. 7. — Il est expressément interdit aux membres du bureau et, en général à tous individus, quels

____

(1) *Les Associations professionnelles ouvrières*, t. I.

qu'ils soient, d'employer les fonds de la société, lors même qu'il y aurait une délibération de l'assemblée générale, à d'autres usages qu'au soulagement des malades, vieillards, infirmes, et ce dans les cas prévus dans les règlements. »

Sous un régime aussi draconien, les caisses de chômage se développent fort peu ou pas.

En 1877, à Paris, *les chapeliers fouleurs* qui s'étaient constitués en Sociétés de secours mutuels dès 1808, ajoutaient aux attributions de leur société l'assurance chômage. Ils fondèrent à cet effet une bourse auxiliaire destinée à accorder aux ouvriers de la profession, privés de travail, un secours de 7 francs par semaine pendant 17 semaines, et pour les ouvriers quittant Paris, une indemnité de route de 14 francs. La cotisation, fixée à 0 fr. 50 par semaine, devait être acquittée tous les lundis, jour de la paye, à l'atelier.

En 1818, *les approprieurs chapeliers de Paris* suivaient l'exemple des fouleurs. Ils créèrent aussi une bourse auxiliaire, qui ne vécut qu'une année. Le projet, repris en 1820, fut réalisé. Il fut approuvé par le Préfet de Police, le 7 juin de la même année.

L'histoire de ces caisses de chômage des chapeliers est une des plus confuses, aussi bien à Paris qu'à Lyon et Bordeaux où s'étaient fondés des groupes poursuivant le même but. A chaque pas nous y rencontrons des grèves, des dissolutions, des fusions, des reconstitutions jusqu'à ce que la loi de 1884 eût permis aux caisses de chômage de vivre au grand jour.

Nous devons toutefois constater que la corporation des chapeliers a montré une persévérance singulièrement remarquable et une prévoyance digne de tous éloges. Elle compte encore les syndicats les plus prospères et ceux dont les efforts, en ce qui concerne le chômage, sont les plus efficaces.

En 1902, six caisses de chômage de l'industrie du chapeau ont secouru 231 chômeurs et payé 21.005 fr. 70, représentant 10.021 journées de travail.

L'exemple des chapeliers fut suivi, dès 1833, par *les ouvriers fondeurs en cuivre*. Au lieu de ne faire de leur caisse de chômage qu'une annexe de leur société de secours mutuels, ils voulurent mieux. Ils établirent donc les statuts d'une société nouvelle, dont le but principal fut la formation d'un fonds de résistance alimenté par des cotisations spéciales, cotisations obligatoires pour les membres de la société de secours mutuels.

Mais, hélas, l'intervention policière devait arrêter un zèle aussi peu en rapport avec les idées du jour, et le fonds de résistance dut disparaître, se transformer comme la société elle-même, qui reprit ses attributions d'ordinaire société de secours mutuels.

Une histoire autrement glorieuse était réservée à *La Laborieuse*, société de secours mutuels des ouvriers bottiers de Paris, qui, pendant 12 ans, rendit de signalés services à sa corporation. Fondée à la suite d'une grève douloureuse, en 1840, son principal objectif fut le placement des ouvriers et l'allocation de secours en cas de chômage. Animée d'intentions conciliantes, elle fit appel aux patrons leur promettant de recevoir toutes les plaintes avec le même intérêt sans plus de partialité pour le patron que pour l'ouvrier. Elle se réservait le placement et s'engageait à faire exécuter dans de bonnes conditions les commandes les plus urgentes.

« La société se charge de fournir à chaque membre, sans travail, un secours de 1 franc par jour, ou de l'ouvrage. Le membre assujetti au secours sera tenu de faire l'ouvrage qui se présentera tout autant qu'il sera au prix courant et selon sa partie. »

Pendant les quatre premières années, une large tolérance de la part de l'administration laissa une certaine marge au groupement qui put prendre son essort. En 1845 cette tolérance ne fut continuée qu'à condition que les statuts seraient modifiés : on devait écarter toute indemnité de chômage susceptible d'encourager une coalition ou versée à des ouvriers dans le cas de cessation volontaire ou concertée de travail. En 1848, cependant, *La Laborieuse* avait procuré 97.000 francs de travail à ses chômeurs.

Le mouvement vers la coopérative qui caractérise cette époque amènera *La Laborieuse* à ouvrir un magasin de vente, à fonder une coopérative de production. Après des débats fort heureux, la société périclita. Il n'est plus question, dans les statuts de 1852, de la caisse de chômage, et en 1854, *La Labo-*

rieuse, mise en faillite, disparut comme société professionnelle.

En 1848, les esprits semblent uniquement occupés des coopératives de tout ordre, délaissant les sociétés de secours mutuels et le chômage. Ce mouvement que devait briser le coup d'État de 1852, ne reprit qu'avec lenteur sous les premières années du Second Empire. Mais ce n'est que vers 1867, après avoir pris contact en 1862 avec les ouvriers anglais, que les Français entrèrent dans une voie entièrement nouvelle. L'empereur Napoléon III, animé des meilleures intentions, adoucit à cette époque l'action administrative et les syndicats prospérèrent.

En fut-il de même pour les caisses de chômage ? Il ne nous a pas paru au courant de nos recherches que beaucoup de caisses de chômage se soient fondées à cette époque (1). L'abolition du délit de coalition que la loi de 1865 venait de prononcer eût dû produire cependant une détente très grande et donner à l'assurance contre le chômage, longtemps confondue avec la formation de réserves pour la résistance, un essor décisif.

Il n'en fut rien et c'est à peine si quelques chambres syndicales songeaient, avant 1884, à la création de fonds de prévoyance pour les syndiqués sans ouvrage.

Du reste, à cette époque, où l'entière liberté

____

(1) *Les Associations profess. ouvr.*, t. I, II, III, IV.

syndicale fut proclamée, ce ne fut qu'avec une désespérante lenteur, aussi inexplicable que désespérante, que les syndicats se tournèrent vers ce but, dans leur activité.

Il ne nous est pas aisé de connaître du reste l'étendue des tentatives des syndicats. Tout ce qu'il nous est permis de constater, c'est que le nombre des caisses de chômage croit depuis quelques années, mais c'est un point sur lequel les syndicats ne fournissent pas facilement des renseignements.

Nous tenterons cependant d'examiner dans la mesure des données que nous avons pu recueillir, les résultats et le fonctionnement des cinq grands groupes syndicaux paraissant détenir d'une manière incontestable le premier rang parmi les syndicats ouvriers qui se sont occupé des secours de chômage. Ce sont : *les chapeliers, les brocheurs en chaussures, les céramistes, les lithographes* et enfin la grande *Fédération des travailleurs du livre*.

Répétons cependant que, bien souvent, nous avons heurté nos efforts pour analyser et découvrir les résultats et les organismes de ces institutions au mutisme des documents officiels, alors que nos demandes de renseignements privés restaient ou presque sans réponse.

CHAPITRE III

I. **Les ouvriers chapeliers de Paris** (1).

II. **Coupeurs et brocheurs de chaussures de Paris.**

III. **Les ouvriers céramistes de Limoges.**

IV. **Les industries polygraphiques :** *a*) **Lithographes ;**

b) **Typographes ;**

Fédération des Travailleurs du Livre.

V. **Situation des chômeurs ayant épuisé leur droit
à l'indemnité ; leur nombre ; leur proportion.**

I. En 1881, et après de nombreuses transformations dans ses groupements professionnels, la corporation des chapeliers de Paris décida le 9 mai, en
assemblée générale, de fonder une société capable
de profiter des avantages stipulés dans le projet de

(1) Nous avons eu recours pour nous documenter, au courant de
cette étude, aux données si précises et si intéressantes de l'important
ouvrage publié par l'Office du Travail : *Les Associations professionnelles ouvrières.*

la loi de 1882, tout en conservant ceux qui résidaient dans la forme mutualiste empruntée jusqu'alors.

La corporation fonda *La Chambre syndicale des ouvriers chapeliers de Paris*.

« La société des ouvriers chapeliers de Paris, porte l'exposé des motifs, avait compris depuis de longues années que le titre qu'elle possédait, société de secours mutuels, n'était pas en rapport avec son mode d'organisation pour la défense de ses intérêts et le maintien de ses droits ».

Parmi les nombreux buts que se proposait la nouvelle société, figurait le secours en cas de chômage involontaire. L'allocation était fixée à 2 francs par jour ou 14 francs par semaine.

« Art. 72. — Dans le cas de chômage pour pénurie de travail, la durée consécutive du droit au secours est fixée à treize semaines, passé lesquelles le sociétaire devra avoir treize cotisations, soit 20 francs au minimum, pour recouvrer de nouveaux droits.

« Après treize semaines à 14 francs, le sociétaire touchera six semaines à 7 francs.

« Art. 81. — Tout sociétaire en secours, qui désirerait quitter Paris, recevra, sur sa demande, une somme de 28 francs. »

La première assemblée générale de la société, le 16 juillet 1883, permit de constater une situation tout à fait prospère.

1.020 membres s'étaient inscrits et les bénéfices des neuf premiers mois d'exercice (1er octobre 1882, 30 juin 1883) s'élevaient à 63.564 fr. 40.

Le 30 juin 1885, la société de secours mutuels préexistante fut dissoute et la Chambre syndicale resta seule.

En 1887, l'effectif de la Chambre syndicale était tombée à 904 membres. Les secours chômage avaient absorbé 85.751 fr. 40 et le déficit de l'année s'élevait à plus de 76.000 francs.

La majorité de la Chambre syndicale était composée de feutriers dont l'industrie traversait une crise des plus douloureuses ; les soyeux, au gain élevé et chômant beaucoup moins, se plaignirent de subvenir presque à eux seuls aux frais de la société. Ils proposèrent donc de supprimer l'adhésion obligatoire à la caisse de la société générale. La proposition fut repoussée et, en revanche, le secours de chômage en cas de conflit fut supprimé. Le secours de chômage involontaire, fixé à treize semaines, ne pouvait être renouvelé qu'après treize semaines de versement de cotisation. Les soyeux se déclarèrent peu satisfaits de ces résolutions que la majorité de la Chambre (des feutriers) voulait leur imposer. Aussi, lors d'une assemblée générale extraordinaire de la Chambre, le 18 septembre 1887, les soyeux s'abstenaient en masse de s'y rendre. Ils fondèrent *La Chambre syndicale des ouvriers en chapeaux de soie*. Sans suivre le mouvement et la grève qui en résulta, nous dirons qu'en 1893, une nouvelle fusion devait s'opérer et cette fois sur les bases d'une cotisation fixe de tous les adhérents. *La Chambre syndicale des ouvriers et ouvrières en chapellerie de Paris* fut fondée le 15 janvier 1893. Les secours en cas de chômage ordinaire furent fixés à 14 francs par semaine pendant treize semaines.

Les soyeux, cependant, restaient en dehors de ce mouvement, et ils tentèrent, sans résultat du reste, de fonder une union des ouvriers en chapeaux de soie.

En 1902, la chambre syndicale des ouvriers en chapeaux de soie comptait 201 membres et avait versé, à 90 chômeurs, 16.919 fr. 95 d'indemnité, à raison de 2 fr. 25 par jour.

De son côté, la chambre syndicale, en prise aux plus violentes discussions, supprima, le 27 janvier 1897, la caisse de chômage maladie ; la cotisation, pour le chômage involontaire, fut réduite, et son effectif, en 1901, n'atteignait plus que le chiffre de 154 membres.

La chambre syndicale semble donc dépérir, tandis que les soyeux, seuls, possèdent une caisse de chômage sérieuse et en pleine prospérité.

11. Le mouvement d'épargne et d'assurance contre le chômage a pris, parmi *les coupeurs et brocheurs de chaussures de Paris,* un tel développement, qu'il nous a paru bon d'en aborder ici l'examen.

Cette corporation passe, dans les milieux ouvriers, pour la plus prévoyante et la mieux organisée à ce point de vue chômage.

La Chambre syndicale des coupeurs et brocheurs de chaussures de Paris fut fondée au début de l'année 1871 ; elle comptait, en mars de la même année, 310 membres, lorsque les événements de la guerre et de la Commune suspendirent son fonctionnement. Réorganisée en 1872, elle eut bientôt 200 adhérents et créa la *Caisse de Chômage*, alimentée par une cotisation hebdomadaire de 1 fr. 50 et par un droit d'entrée de 5 francs. Les chômeurs avaient droit à 3 francs par jour (sauf le dimanche), pendant deux mois.

La fondation, accueillie par quelques hésitations, n'avait que 25 adhérents, en 1873, lorsqu'éclata une crise très pénible qui épuisa très rapidement les deniers épargnés. Les adhérents ne se découragèrent pas, ils versèrent chacun 5 francs, exigeant un droit d'entrée de 10 francs, et décidèrent de payer les cotisations habituelles pendant six mois avant de distribuer de nouveaux secours. Mais, en 1877, les charges devinrent si lourdes, par suite de la difficulté que trouvaient les chômeurs âgés à se procurer du travail, que, dès ce moment, on songea à l'étude des statuts d'une caisse de retraite pour les ouvriers ayant atteint 55 ans. Ces statuts furent adoptés en 1882. A cette époque fut fondée l'*Union générale*, qui fonctionna jusqu'en 1886 comme caisse de chômage.

Mais, dans les premiers jours de 1887, pour s'opposer à la généralisation du travail aux pièces, *La Caisse de Chômage, L'Union générale* et *La Réunion*, autre association professionnelle, reconstituèrent une Chambre syndicale unique. Toutefois les trois caisses de chômage ne fusionnèrent pas; certains ouvriers adhérèrent même aux trois fonds de prévoyance.

La Caisse de chômage, pendant l'exercice 1887-1888, secourut 111 sociétaires et leur versa 3.111 francs ; l'Union, 72 sociétaires pour 1.686 fr. 25. Le 31 décembre 1888, l'Union avait en caisse 3.927 fr. 85 ; la Caisse de Chômage 4.000 fr. Mais dès 1891, incapable de tenir ses engagements comme caisse de retraite, elle liquida cette dernière et modifia ses statuts. En 1894, nouvelle revision des statuts et rétablissement de la pension de retraite.

« Art. 13. — L'indemnité de chômage est fixée à 4 francs par jour jusqu'à la reprise du travail. »

Au moment même où ces statuts étaient adoptés, la Caisse de Chômage, attaquée en justice par un de ses membres exclus, redoutant l'issue du procès et les dommages-intérêts à payer, se transforma et prit le nom de *La Solidarité*.

La Chambre syndicale, de son côté, fondait en 1892 une caisse syndicale donnant une indemnité de 2 fr. 50 par jour. Elle comptait, en 1897, 70 adhérents; 2.433 francs avaient été distribués aux chômeurs.

Bien que l'Union et la Caisse syndicale subsistent côte à côte, la Solidarité garde le plus gros effectif d'adhérents et verse à ses chômeurs les indemnités les plus considérables (*1 fr. par jour pendant une durée illimitée*).

En 1898, elle avait dépensé pour 43 chômeurs, pendant 978 jours, 3.912 francs. L'Union générale, en 1897, ne déboursa que 2.550 francs et la Caisse syndicale 2.433 francs.

A Lyon, la même corporation, la *Chambre syndicale des coupeurs, brocheurs et cambreurs de Lyon, pour la chaussure*, instituait, en 1895, une caisse de chômage donnant droit à 30 journées à 2 francs. Cette institution semble depuis cette date en pleine prospérité.

En 1897 elle comptait à ses chômeurs 564 francs.

En un mot les ouvriers brocheurs et coupeurs en chaussures possèdent des caisses de prévoyance tout à fait dignes du plus haut intérêt. La Solidarité secourut à elle seule, en 1902, 37 chômeurs pendant 901 jours et déboursait de ce chef 3.603 fr. 50. Les trois autres caisses de la profession, dont deux syndicales, celles de Paris et de Lyon, secourent leurs chômeurs. Celle de Lyon leur versait, en 1902, 1.070 francs pour 533 journées de travail, à 2 fr. par jour.

Il y a là un effort certain et considérable qui mérite d'être observé et encouragé.

III. — *Les ouvriers céramistes*, fortement concentrés à Limoges, ont fondé dans cette ville 11 caisses de

chômage dont l'une n'est pas une caisse syndicale.
C'est du reste la plus ancienne : la *Société de secours
mutuels contre le chômage des modeleurs et mouleurs
en plâtre.*

Instituée le 1er avril 1883, elle fut autorisée le
6 novembre 1884 par le préfet de la Haute-Vienne.
La cotisation était de 2 francs par mois.

« Art. 36. — Les secours sont fixés comme suit :
3 francs par jour pendant 30 jours, 2 francs pendant
les 30 jours suivants, 1 franc pendant 30 autres jours
et 0 fr. 60 pendant le reste du chômage. Le sociétaire
sans travail ne pourra recevoir moins sauf le cas où
le nombre des ayants-droit absorberait les ressources
de la caisse, alors la répartition des recettes se ferait
entre les sociétaires sans travail, au prorata de leurs
droits.

« Art. 37. — Le sociétaire en chômage qui trouve
une occupation en dehors de son métier lui rappor-
tant plus de 3 francs par jour n'aura droit à aucun
secours de la société. Celui qui ne gagnera que cette
somme, ou moins, aura droit à une indemnité de 2 fr.
par jour les 30 premiers jours. Pendant le reste du
temps, il ne recevra qu'une indemnité complétant sa
journée à raison de 3 francs.

« Art. 39. — S'il arrivait qu'un sociétaire ayant
repris son travail se trouve de nouveau en chômage
avant un délai de 120 jours, il n'obtiendrait pas les
secours des premiers jours, mais seulement la conti-

nuation de ceux qui lui étaient accordés lors de la reprise de son travail. »

Ces statuts, que nous avons tenu à reproduire, sont les plus larges et ceux qui semblent assurer de la manière la plus efficace le chômage, dont tous les syndicats, ou presque, ont limité la durée. Certains autres se sont contentés, au risque d'épuiser leurs ressources, de ne pas limiter la période de chômage, tout en continuant l'indemnité dans les mêmes conditions et sur le même taux. Cette caisse, en pleine prospérité, n'a pas distribué à ses chômeurs, depuis sa fondation jusqu'en 1900, moins de 22.058 fr. 70. Son encaisse au 31 décembre de la même année s'élevait à 14.114 fr. 61.

En 1902, elle indemnisait ses chômeurs pour une somme de 9.389 fr. 40 et comptait 133 membres.

En 1894, la *Chambre syndicale des porcelainiers*, *l'Initiative*, s'occupa d'une caisse de chômage dont les statuts furent définitivement adoptés le 12 octobre 1894.

Cette caisse, moyennant un droit d'entrée de 3 fr., un stage de 6 mois et une cotisation de 0 fr. 50 par mois, assurait aux porcelainiers sans travail une indemnité de 1 fr. 50 par jour, dimanches compris, pendant 60 jours.

En 1902, 398 étaient affiliés à la caisse. 118 chômeurs avaient touché, pour 2.914 journées, 4.381 francs.

Une bien moindre importance doit être attribuée à la caisse de chômage instituée par *la Défensive*, chambre syndicale des polisseurs et useurs de grains, en 1899. A la fin de l'année 1900, le nombre des adhérents était de 22. En 1902, il atteignait 70. 16 chômeurs recevaient, pour 509 jours sans travail, 761 francs calculés à raison de 1 fr. 50 par jour.

Mais il est bon de résumer ici l'effort des céramistes vers l'assurance chômage. 11 caisses de chômage sont en plein fonctionnement à Limoges, et les subventions attribuées par la ville à ces institutions ne peuvent qu'en activer le développement. Nous dirons au chapitre suivant quel fut le rôle de la ville et ce qu'il convient, à notre avis, d'en penser.

Activité des caisses de chômage des ouvriers céramistes de Limoges en 1902.

NOM des Caisses de Chômage	DATE de fondation	NOMBRE d'Adhérents	NOMBRE de Chômeurs	NOMBRE de journées de Chômage	TAUX de l'indemnité	VALEUR totale de l'indemnité
Emballeurs de porcelaine (*La Prévoyante*).......	1897	191	62	2.125	1f »	2.125f »
Employés aux Crématoires.......	1902	26	»	»	1 50	»
Garçons de magasin et Emballeurs (*L'Utile*).......	1902	36	»	»	1 25	»
Gazetiers (porcelaine..........	»	38	»	»	»	»
Journaliers en porcelaine.........	»	115	53	997 236[1]	1 »[1] 0 75	938 »
Modeleurs et Mouleurs en plâtre..	1883	133	»	»	0 60 à 3f	9.389 »
Modeleurs et Mouleurs en plâtre céramistes.....	1903	»	9	125	0 50	94 »
Moufiletiers........	1895	76	15	54	2 »	1.620 »
Peintres céramistes	1896	187	»	»	1 50	1.070 »
La Défensive....	1899	75	16	509	1 50	761 »
L'Initiative......	1894	398	118	2.914	1 50	4.281 »
		1.275	273			20.378f »

IV. — Les industries polygraphiques contiennent un très grand nombre de syndicats que nous pouvons séparer en deux groupes principaux : les syndicats

[1] Le second chiffre est celui de l'indemnité accordée aux femmes en chômage.

de lithographes qui assurent le chômage, et les nombreuses caisses de chômage qui dépendent de la Fédération du Livre.

A) *Ouvriers lithographes.* — L'Union lithographique, fondée en 1872, est la plus ancienne des sociétés corporatives qui existent encore à l'heure actuelle.

La guerre de 1870 et la Commune avaient fait de nombreuses victimes dans les rangs des lithographes, et les trois groupements existant à cette époque, *le Prado, la Résistance,* et *la Solidarité,* jugèrent qu'il leur était fort malaisé de continuer séparément leur œuvre et fusionnèrent en une seule société qui prit le nom d'*Union lithographique* et se fit autoriser comme société de secours mutuels en novembre 1872. L'Union compta dès les premiers mois 1400 membres et perçut 54.000 francs de cotisations pour son premier exercice. L'année, cependant, fut dure, et la société décaissa, au profit de ses chômeurs, 20.872 francs d'indemnités sur le taux de 3 fr. par jour pendant 60 jours, le chômage de résistance n'ayant pas de durée limitée. Dès 1873, le chômage involontaire vit réduire son indemnité à 2 francs par jour.

Les statuts, revisés en 1875, portèrent qu'une suspension de travail d'une semaine entière serait seule indemnisée. A cette époque du reste, l'Union traversait une période critique et son noyau d'adhérents se trouvait réduit à 500. Mais elle reprit rapidement sa marche, et, en 1878, porta à 2 fr. 50 par jour l'indemnité de chômage involontaire. Malheureusement, des détournements importants en 1884 et 1885 laissèrent la société sans ressources et avec 9.000 fr. de dettes. Les sociétaires désertèrent l'Union qui, en 1890, ne comptait plus que 308 membres, chiffre qui atteignit, par des diminutions successives, 89 en 1897 et remonta à 180 en 1902. L'Union n'en avait pas moins secouru ses chômeurs pour des sommes importantes :

De 1872 à 1885 . . . . . 106.981 fr. 60
De 1886 à 1897 . . . . . 29.855 fr. 50

Le bilan que nous avons sous les yeux pour l'année 1902 accuse un notable relèvement dans le personnel des adhérents, mais ne contient aucun chiffre en ce qui concerne les sommes affectées au service du chômage.

La *Société des reporteurs lithographes*, formée en 1880, distribue depuis une indemnité de chômage de 3 francs par jour pendant 60 jours, portée à 3 fr. 50 en 1894. A dater de sa fondation jusqu'en juillet 1898, sa marche régulière lui a permis de payer, à 237 chômeurs, 6.604 jours de travail s'élevant à 22.521 fr. 50 tout en assurant un grand nombre d'autres services. Elle comptait 207 adhérents en 1902.

La Résistance des imprimeurs lithographes est actuellement la plus prospère des caisses de chômage de la profession. Si, à ses débuts, en 1881, elle ne s'occupa que du chômage résultant de différends professionnels, en 1889 elle adjoignait à ses attributions les secours en cas de chômage involontaire, calculés à raison de 2 fr. 50 par jour pendant 60 jours. Ce tarif fut modifié en 1895 et fixé à 3 fr. 50 par jour.

L'article 39 des statuts stipule les conditions que doit remplir le chômeur pour avoir droit à son indemnité :

« L'indemnité de chômage n'est accordée que sur la présentation d'un certificat motivé et signé de deux camarades au moins, constatant la sortie. Tout sociétaire qui sortirait d'une maison de sa propre volonté, sans motifs valables approuvés par le comité, n'aura droit à aucune indemnité. Les chômeurs doivent se présenter tous les jours au siège social, de 8 heures à 11 heures du matin, et signer le livre. »

« La Résistance » a déboursé pour ses chômeurs involontaires, de 1885 à 1898, 104.532 francs. Sa prospérité va du reste croissante, puisqu'elle ne comptait en 1898 que 386 membres, et que les chiffres officiels de 1902 accusent 627 cotisants.

Laissons de côté les autres syndicats de moindre importance qui assurent, à Paris, le chômage des ouvriers lithographes ; disons qu'il existe depuis 1878, à Lyon, une caisse de chômage à la Chambre syndicale des ouvriers lithographes de cette ville, et à Bordeaux, depuis 1874, les ouvriers de cette profession se sont préoccupés de réunir des fonds de prévoyance dans ce but.

La lecture du tableau suivant complètera du reste

beaucoup mieux que nos considérations personnelles l'exposé des efforts de la corporation des lithographes vers l'assurance chômage.

Il est en outre certain que si la Fédération lithographique prenait en mains l'administration des caisses de chômage, elle augmenterait d'une façon très sensible l'intensité du mouvement : 19 caisses syndicales comprenant 2.373 adhérents ont, en 1902, versé 51.388 fr. 25, chiffre le plus élevé qu'il nous a été permis de constater pour 1902, même en ce qui concerne la Fédération du Livre. (Voir page suivante le tableau mouvement des syndicats lithographiques français en 1902.)

B) *La Fédération française des Travailleurs du Livre.* — « L'introduction de la machine dans l'atelier de composition, la perspective du désarroi que cette invention allait jeter dans la corporation des typographes, en bouleversant de fond en comble les méthodes d'exploitation (1), » amena les typographes français à s'attacher au développement des institutions de chômage. Sept années furent nécessaires pour faire passer cette idée du domaine de la théorie dans celui de la pratique. Et c'est aussi dans le but d'étendre son action que la fédération, imitant l'exemple de l'Allemagne, de la Suisse et de l'Angleterre, entra dans cette voie nouvelle, décidée à mener à bien l'entreprise dont elle assumait la charge. Elle

(1) *Histoire d'une Caisse de Chômage*, monographie publiée par la Fédération.

Mouvement des Syndicats lithographiques français en 1902.

	NOM DES CAISSES de Chômage	SIÈGE	NOMBRE des Cotisants	TAUX de l'Indemnité	NOMBRE de Chômeurs	NOMBRE de Jours de Chômage	VALEUR totale de l'indemnité
1	Lithographes	Marseille	65	2 »	»	164	328f 20
2	Dessinateurs et Imprimeurs lithographes.	Angoulème	13	3 »	4	27	82 »
3	Lithographes imprimeurs	Bordeaux	167	2 »	88	1.680	1.714 »
4	Lithographes	Rennes	»	1 50	2	35	61 50
5	Imprimeurs lithographes	Grenoble	23	1 »	12	280	280 »
6	Imprimeurs lithographes graveurs	St-Etienne	156	2 »	7	184	368 »
7	Imprimeurs lithographes	Nantes	42	2 »	20	448	896 »
8	Lithographes	Reims	87	2 »	3	47	145 »
9	Graineurs lithographes	Paris	70	2 50	»	306	766 50
10	Ecrivains, Graveurs, Dessinateurs	—	192	3 »	20	282	846 »
11	Margeurs pointeurs	—	200	2 »	80	2.410	4.820 »
12	Imprimeurs conducteurs	—	80	2 »	20	752	1.504 »
13	Union lithographique	—	180	2 50	75	1.164	»
14	Reporteurs lithographiques	—	207	3 50	80	2.200	7.644 »
15	*La Résistance*	—	627	3 50	203	8.207	30.924 50
16	Lithographes	Rouen	20	1 50	»	»	»
17	Lithographes	Amiens	45	2 »	10	275	550 »
18	Lithographes	Poitiers	35	1 50	10	100	150 25
19	Imprimeurs lithographes	Limoges	64 (1)	4 »	»	400	800 »
			2.273		634	19.850	51.880 25 (2)

(1) Presque tous occupés à la porcelaine.

(2) Les totaux du présent tableau, pour la formation duquel nous avons eu recours à l'état détaillé des caisses de chômage figurant dans le rapport au Conseil supérieur du travail en 1902, ne concordent pas avec le chiffre total figurant au tableau 11 du même rapport qui porte à 2.083 le nombre des adhérents aux caisses de chômage, à 552 le nombre des chômeurs, à 27.664 le nombre des journées payées et à 51.415 fr. 45 le total des indemnités allouées aux chômeurs. Nous ignorons les bases du calcul présenté dans ce rapport.

était aussi persuadée que, « une fois liés entre eux par des intérêts qu'ils hésitent d'autant plus à sacrifier qu'ils sont plus importants, les ouvriers arrivent à former un faisceau compact, un groupement solide dont la vigoureuse intervention peut se faire efficacement, suivant les circonstances, soit dans l'offensive, soit dans la défensive » (1).

La Fédération songea donc, dès 1892, à fonder une caisse fédérale de chômage pour centraliser les ressources de toutes les caisses de prévoyance de la France entière et, par là même, à régulariser, tout en la fortifiant, la prévoyance des syndicats locaux de l'industrie typographique.

Sur la proposition de la section lilloise, le projet vint en discussion au Congrès de 1892 ; il fut vivement combattu par un grand nombre de délégués. Une cotisation de 1 fr. par an était jugée suffisante par le rapporteur pour assurer aux chômeurs une indemnité de 1 fr. 50 par jour avec un maximum de 72 francs par an. Après une discussion très longue, où des chiffres très exagérés furent fournis de part et d'autre, le congrès repoussa le projet, tout en retenant son idée, dont il confiait l'étude au Comité central. Trois ans durant, jusqu'au congrès de Marseille, en 1895, un véritable courant d'opinions s'établit, favo-

---

(1) Les documents, les chiffres et les citations contenus dans la présente étude proviennent d'une monographie fort intéressante émanant de la Fédération du Livre : *Histoire d'une caisse de chômage.*

rable au projet, d'autant plus favorable que l'introduction de la linotype dans les ateliers de composition paraissait de plus en plus redoutable. Un péril si grand préparait des adhérents aux nouvelles propositions que les délégués de Lille portaient devant le Congrès. Malgré le chiffre émis par les délégués parisiens, qui désiraient une cotisation hebdomadaire de 0 fr. 75 pour permettre l'assurance du chômage, de la maladie et du décès, la majorité resta favorable. Les délégués, cependant, se montraient rebelles à toute augmentation de la cotisation fédérale, paraissant disposés à briser leurs liens avec la Fédération plutôt que de consentir de nouveaux sacrifices.

53 voix contre 23 et 8 abstentions formèrent cependant une majorité en faveur d'une caisse de chômage fédérale.

La Commission chargée d'élaborer un projet, écartant l'indemnité au cas de maladie, ne retenait que le cas de chômage involontaire pour attribuer aux sans travail une indemnité de 1 fr. 50 par jour, pendant 5 semaines, et après un noviciat de 1 an. Le droit à l'indemnité épuisé ne pouvait être reconquis qu'après un nouveau stage de 1 an.

Les frais seraient répartis trimestriellement parmi tous les fédérés. La charge probable de ce service ne paraissait pas devoir être évaluée à plus de 0 fr. 25 par mois. Le Congrès approuva ces conclusions par 72 voix contre 10 abstentions. Cependant, et malgré une majorité si imposante, on résolut de soumettre cette décision à l'approbation de tous les fédérés. Elle n'entrerait en voie d'exécution que dans le cas où elle réunirait les 2/3 au moins des votants.

Les fédérés ne comprirent sans doute pas l'œuvre à atteindre : 209 voix manquèrent pour que la décision du congrès réunisse les 2/3 des votants ; elle ne rallia, sur 5.546 suffrages exprimés, que 3.489 voix contre 1.949.

Mais toutefois l'idée comptait des partisans nombreux et décidés, et la machine à composer, maintenant en essai à Paris, rendait la tâche plus facile. Tout restait donc à faire pour le Congrès de 1900 et tout fut fait, grâce à un acte d'énergie du Comité central, qui n'hésita pas à passer par-dessus les statuts pour atteindre un but si désirable et fonder une institution capable d'arracher à la misère tous ceux que la machine allait peut-être, à bref délai, chasser de l'atelier.

Au mois de décembre 1899, le Comité crut devoir demander aux sections de consentir à verser un impôt exceptionnel en vue de constituer un capital-réserve pour secourir les chômeurs, en attendant que le Congrès de 1900 ait élaboré définitivement un règlement de caisse de chômage. Il les invitait à se prononcer, *non pas sur l'impôt lui-même*, mais sur sa quotité — 0 fr. 25 ou 0 fr. 50 au moins par mois.

La réponse fut la suivante :

78 sections, représentant plus de 6.500 fédérés, se prononçaient pour une augmentation de 0 fr. 50 ; 44 sections pour 0 fr. 25 et 8 autres contre toute

augmentation. Une fois le résultat du vote proclamé, les sections opposantes sans exception se rangèrent à l'avis de la majorité. En conséquence, à partir du 1ᵉʳ janvier 1900, la cotisation fut augmentée de 0 fr. 50 par mois.

Restait à parachever l'œuvre, la mettre en marche et à gagner le congrès réuni à fin d'août 1900, à Paris. Deux raisons rendaient inévitable une décision favorable : la question financière ne se présentait plus puisque la ressource nécessaire était en partie créée ; de plus, la machine tant redoutée, fonctionnait déjà à Paris, à Charleville, à Limoges, à Bordeaux, à Rennes, à Roubaix et à Grenoble. Et cette machine, tous la virent à l'Exposition, agile et rapide, fondre le caractère, classer les matrices, produire une copie presque jolie. Combien d'ouvriers, elle si adroite et si ingénieuse, allait-elle écraser dans son mouvement ?

Réunis au congrès, les fédérés écoutèrent avec attention le projet de caisse de chômage apporté par le Comité central.

« Le projet de règlement prévoyait une indemnité de 2 francs par jour pendant six semaines pour le chômage et la maladie avec maximum annuel de 72 francs, un secours de route de 10 francs pour tout sociétaire quittant la localité où il se trouvait en chômage et une indemnité de décès variant de 25 à 75 francs, selon le nombre d'années de sociétariat. »

Pour faire face à ses dépenses, le Comité n'envisagea pas le montant du déficit à prévoir. Les recettes en correspondance avec la dépense prévue, en s'en tenant à 0 fr. 50 par fédéré et par mois, s'élevaient à 52.554 francs.

Or, les dépenses pouvaient être évaluées à :

15.112 journées de chômage à 2 fr., soit..	30.224 fr.
17.518 journées de maladie (deux par fédéré à 2 fr.)	35.036 fr.
Soit un total..............	65.260 fr.

Sans compter, et ceci à dessein, une somme de 7.520 francs prévue pour les frais d'indemnité de décès, le déficit s'élevait à 12.706 francs par an.

« Lille revint à la charge afin de faire écarter du règlement les cas de maladie et de décès pour les motifs invoqués par les précédents congrès. Mais cette fois, elle vit se dresser contre elle la quasi unanimité des délégués, dont la plupart avaient reçu le mandat formel de ne voter la mise en marche de la caisse de chômage qu'à la condition que l'indemnité de maladie y fût incorporée. Appelé à trancher ce point extrêmement important, étant données ses conséquences financières, le Congrès décida, par 114 voix contre 4 et une abstention, que la maladie serait comprise dans le nouveau service. C'était le succès. Devant ce vote significatif, le délégué de Lille déclara se rallier à la majorité. Une commission composée de membres ayant déjà une caisse de chômage dans leur section fut ensuite désignée pour étudier les propositions du Comité central et présenter un rapport. De ces travaux sortit un projet de règlement modifiant légèrement (exception faite pour l'indemnité de décès qui était repoussée) celui soumis à ses délibérations. Le Congrès, après de longues discussions, le vota à peu près intégralément et à mains levées. La mise en application en fut fixée au 1er janvier 1901. »

Voici le texte des principaux articles des statuts adoptés en 1900. Nous examinerons ensuite le fonctionnement de la caisse fédérale, réservant pour la fin de ce chapitre l'étude des résultats financiers des exercices 1902-1903. Les comptes de 1904 n'étant pas encore parus lors de la mise sous presse de ce travail, il nous a été impossible de contrôler si le mouvement de large extension qu'a pris, depuis la création de sa caisse de chômage, la Fédération du livre, continue la même marche ascendante.

« Art. 35. — Tout chômeur (la maladie étant assimilée au chômage) faisant partie de la Fédération française depuis un an au moins, après un versement de 12 cotisations, pourra recevoir une indemnité de 12 francs par semaine.

« Art. 36. — Tout chômeur pourra recevoir chaque année jusqu'à concurrence de 72 fr. L'année se termine le dernier samedi de décembre et la suivante commence le surlendemain.

« Art. 37. — Pour être reconnu chômeur, le fédéré devra avoir fait constater sa présence depuis au moins un mois dans la même section, exception faite pour le chômage occasionné par la maladie. La présence dans la section part de la date du dépôt du livret ou, à défaut, du premier versement dans ladite section.

« Art. 38. — Le fédéré en retard de deux mois de cotisation ne commencera à avoir droit aux secours qu'un mois après s'être mis en règle.

« Art. 39. — L'indemnité de chômage est payable dès le premier jour de la déclaration. Un chômage de moins de 4 jours n'occasionnera aucune indemnité.

« Art. 40. — Le fédéré chômeur ayant travaillé (jours de fêtes et dimanches exceptés), mais dont le gain sera inférieur à 12 francs dans la semaine, ne pourra recevoir que le complément de cette somme.

« Art. 41. — Le fédéré en chômage devra produire au receveur de la maison où il travaillait une attestation écrite indiquant le motif de sa mise en chômage.

« En l'absence du receveur l'attestation sera signée par deux confrères syndiqués.

« Pour les confrères isolés, ils devront fournir une attestation signée du patron ou du prote, ou de deux confrères. Le Comité de la section l'appréciera.

« Art. 42. — Tout fédéré quittant volontairement un atelier ou renvoyé pour inconduite n'aura pas droit à l'indemnité de chômage. Il pourra toutefois être entendu par le Comité de section qui décidera.

« Art. 43. — Les chômeurs, exception faite pour les fédérés malades, devront se tenir à la disposition du Comité de section et accepter toute place qui lui aura été indiquée dans la localité. Tout chômeur qui refuserait de se rendre à la place qui lui aura été indiquée perdra son droit aux indemnités pendant les 15 jours qui suivront l'offre d'emploi. »

Nous ne saurions trop faire remarquer les mesures sévères de contrôle prises tant pour la détermination de la qualité involontaire du chômage, que sur les prescriptions indispensables, pour ne pas laisser le chômeur épuiser son indemnité sans songer activement à se procurer de l'ouvrage.

« Art. 44. — Dans la perspective d'un long chômage (apprécié par le Comité de section), le fédéré chômeur pouvant toucher les secours et qui voudrait quitter la ville, toucherait immédiatement une idemnité de 10 francs, sans préjudice des secours du viaticum. Si le confrère revenait avant un mois, il serait considéré comme arrivant nouvellement dans la section et devrait subir le stage prévu par l'article 37.

« Art. 47. — Quiconque aura reçu ou cherche à recevoir frauduleusement des secours, perdra tout droit à l'indemnité de chômage pendant un an selon la gravité du cas et pourra même être exclu de la Fédération. Il sera tenu au remboursement des sommes indûment reçues.

« Art. 52. — Les sections n'étant pas en règle avec la Fédération, c'est-à-dire celles qui n'auront pas versé les cotisations du trimestre écoulé, ne pourront toucher les secours de chômage pour leurs adhérents.

« Art. 54. — Un confrère fédéré français au pair, parti pour l'étranger et de retour en France, reprend dans la Fédération française la place qu'il occupait avant son départ, à la condition toutefois, qu'il justifie être resté sociétaire sans interruption à l'étranger.

« Dans le cas contraire, ce confrère sera soumis aux conditions ordinaires de réadmission prévues par le règlement. »

Le bilan du premier trimestre de 1900 accusait un nombre de 8.759 fédérés.

Quels furent les progrès de la Fédération au point de vue de ses adhérents pendant les deux premières années du fonctionnement de la caisse de chômage ? Les documents émanant de la Fédératien constatent le chiffre de 9.989 adhérents en 1902, et ceux de l'Office du Travail celui de 10.554, répartis sur 162 sections. Malgré cette différence apparente, les chiffres de la statistique officielle, portant sur tous les inscrits, sans tenir compte ou non du fait qu'ils ont droit ou pas aux indemnités de chômage, semblent exacts. Il y a une progression digne d'attirer notre attention. Le nombre des fédérés devait augmenter encore avec une inconcevable rapidité ; il atteignait, en décembre 1903, le chiffre de 11.123. Le résultat désiré par la Fédération peut être considéré comme dépassé, et les liens qu'elle a réussi à créer parmi tous les ouvriers du livre ne sont pas hors de proportion avec les efforts vraiment admirables qu'elle a réalisés, avec les efforts eux-mêmes de tous les cotisants et les avantages réels que procurent à ces cotisants les sacrifices qu'ils se sont imposés.

Passons à l'examen de la répartition des indemnités de chômage fédérales confiée aux sections adhérentes à la Fédération. La comptabilité se compose de différentes pièces et états destinés à être contrôlés au Comité central. Elle comprend, en premier lieu, la feuille de présence des chômeurs que ces derniers doivent venir signer chaque jour aux heures prescrites. Leur numéro matricule, leur nom et la maison qu'ils ont quittée doivent figurer à côté de cette signature. Un livre intitulé « Etat des chômeurs » sert à reporter chaque jour la présence ou l'absence du chômeur, constatée par la signature apposée sur la feuille de présence en même temps que la cause du chômage : manque de travail ou maladie.

Par ce registre, il est facile au trésorier de se rendre compte, à la fin de la semaine, du nombre des chômeurs à indemniser.

De plus, chaque chômeur possède une feuille personnelle sur laquelle sont inscrites toutes les sommes qu'il a perçues. Son rôle principal consiste à constater les sommes versées et à connaître facilement si le fédéré a ou non épuisé son indemnité statutaire.

Cette feuille porte donc à cet effet : la date de la semaine de chômage, la date du jour du paiement de l'indemnité, les sommes payées, et dans d'autres colonnes les dates de paiements et les sommes payées au fédéré dans d'autres sections s'il y a lieu.

Dès son entrée dans une section, le fédéré possède une feuille de ce genre, qui est dressée au vu de son livret, et qui comporte toutes les indemnités de chômage ou de maladie qui ont pu être touchées par lui depuis le 1er janvier de l'année courante.

Chaque mois, un état des sommes payées par la section est adressé au Comité central, en même temps qu'une feuille annexe de contrôle contenant le nom, les dates d'entrée du fédéré dans la Fédération et dans la section. Elle est dressée de telle façon qu'elle permette de se rendre compte des fédérés qui ont droit ou non aux indemnités. Toute indemnité payée à un fédéré en dehors des cas prévus aux statuts (articles 35, 36 et 38), reste à la charge de la section qui l'a déboursée. Enfin, un état nominatif du personnel dressé chaque trimestre comprenant pour le premier trimestre les noms de la totalité des membres inscrits, pour les autres trimestres leur nombre total seulement et les noms des sociétaires nouveaux, des rayés, des démissionnaires ou des décédés. Cet état porte en outre la date exacte du départ des sociétaires ou de leur démission. En cas de départ, elle signalera, si possible, la nouvelle résidence du sociétaire. Une colonne portera enfin toutes les indemnités versées aux sociétaires pendant le trimestre et depuis le début de l'année.

Un livre de dépenses fait connaître au jour le jour, dans chaque section, les sommes déboursées, soit pour chômage maladie, soit pour chômage pour manque de travail. Le trésorier doit avoir soin d'y inscrire, au fur et à mesure des paiements, les sommes qu'il a versées entre les mains des chômeurs. Les dates de paiement et les numéros de la souche du carnet de quittances et celles du livre des dépenses, doivent être les mêmes, pour faciliter le contrôle.

Il existe enfin un carnet de quittances à trois souches. L'une d'elles est expédiée au Comité central, avec l'état trimestriel. Elle constitue une pièce de caisse, dont la valeur est déduite du montant des cotisations dues par la section au Comité.

Il sera en outre stipulé, sur la quittance, si l'indemnité a été versée pour chômage involontaire, ou pour tout autre cause.

Le livret individuel des fédérés sert enfin à constater toutes les opérations, versements de cotisations, perception d'indemnités, situation en un mot du fédéré à l'égard de la Fédération. Il doit être tenu par le trésorier de la section.

Tels sont les détails de l'Administration de la caisse de chômage de la Fédération du Livre. Il nous reste à examiner maintenant les résultats financiers des opérations de la caisse, pendant les années 1901, 1902 et 1903.

Elle commencera ses opérations le 1er janvier 1901.

— Les membres du Comité central, très persuadés de l'insuffisance des cotisations votées par le congrès, s'attendaient à un déficit sur les opérations et à de grandes difficultés de mise en marche. Les dépenses prévues pour le service du chômage avaient, nous l'avons dit, été évaluées à 30.000 francs environ et les indemnités de maladie à 35.000 francs. Elles atteignirent en 1901, comme on peut en juger, un chiffre de beaucoup supérieur.

29.591 fr. 75 furent versés aux chômeurs, et 50.561 fr. 65 aux malades. Le total prévu étant de 65.260 francs, l'on se trouvait en face d'une dépense réelle de plus de 80.000 fr. Si le chômage pour manque de travail n'avait pas été supérieur aux prévisions, il n'en était pas de même pour le chômage maladie, qui les dépassait de près de 20.000 francs. Le nombre des fédérés en chômage involontaire s'était élevé à 785, et 14.795 journées avaient été payées à raison de 2 francs par jour.

Pour faire face à cette dépense totale de 80.153 fr. 40, la Fédération n'avait touché que 59.936 fr. de cotisations spéciales; restait donc un déficit important de 20.217 fr. 40.

Le déficit était des plus considérables, et pour le combler sans la prévoyance du Comité central, il eût fallu faire appel à des ressources imprévues. Fort heureusement, une importante réserve avait été constituée au moyen des versements faits pendant l'année 1900, avant la création définitive de la caisse de chômage ; il y avait là un appoint de plus de

54.000 francs qui permit de parer au plus pressé.

Mais il fallait, avant de l'épuiser, constituer des ressources fixes pour alimenter la caisse, ou renoncer à la création. On préféra demander aux fédérés de consentir de nouveaux sacrifices et cette fois en prenant pour base, non des approximations, mais les résultats de la première année de fonctionnement de la caisse fédérale.

Des chiffres indiqués plus haut, il découle que les indemnités de chômage ont occasionné une dépense annuelle par adhérent de 2 fr. 96 (0,24 par mois) et la maladie 5 fr. 06 (0,421 par mois), soit de 8 fr. 02 (0,668 par mois). L'augmentation de la cotisation mensuelle votée pour assurer le fonctionnement étant de 0 fr. 50, l'insuffisance en ressort à 0,168, soit pour l'année entière une moins-value de 2 fr. 08 par fédéré. Pour obvier à cette situation qui n'aurait pu se prolonger sans péril pour la Fédération, le Comité central propose aux sections, dès le commencement de 1902, d'augmenter de 0 fr. 25 la cotisation fédérative en la portant à 1 fr. 50 par mois. Sur 8.113 votants 6.509 se prononcèrent pour l'affirmative. Devant cette importante majorité, les opposants s'inclinèrent et, encore une fois, acceptèrent la décision prise.

Les chiffres fournis par la statistique pour 1902 et 1903 et que nous avons trouvés dans l'organe de la fédération, *La Typographie Française* (1), constatent

(1) N° 545, 16 juin 1904.

un inévitable déficit en même temps qu'un important accroissement des dépenses. Les fédérés, pour y faire face une fois de plus, ont accepté de fixer provisoirement à 2 francs la cotisation fédérale mensuelle. Mais ce n'est que pour parer aux besoins du moment. Le Congrès sera chargé de trouver une solution autre au problème.

« Devant cette augmentation rapide de nos chômeurs, lisons-nous dans *La Typographie Française*, par suite de l'extension de l'emploi de la machine à composer, nous ne doutons pas que le Congrès trouve un moyen pratique et efficace de sortir de cette situation, sinon en tarissant complètement la mal dans sa source, il serait puéril d'y compter, mais tout au moins en prenant des mesures susceptibles d'y mettre un frein ou de l'endiguer ».

Voici les chiffres comparatifs des trois premières années :

ANNÉES	Montant total des Recettes	Nombre de Chômeurs indemnisés	Indemnités de Chômage	Nombre de Malades indemnisés	Indemnités de Maladie	Total des Indemnités	Déficit total
1901	59.036 »	1.105	29.591 75	1. 80	50.561 05	80.183 40	20.217 40
1902	87.327 75	1.052	43.792 »	1.725	64.044 40	107.830 40	20.508 05
1903	08.968 50	1.312	54.783 40	1.728	60.616 30	121.399 70	22.431 20

Il nous est facile de constater d'après ce tableau sommaire l'effort tout à fait remarquable des ouvriers typographes au cours de la crise intense que traverse leur corporation. Le déficit causé chaque année à la caisse fédérale correspond en effet à l'augmentation du total de l'indemnité de chômage. Si le nombre des chômeurs indemnisés n'a pas augmenté dans de très notables proportions, il n'en est pas de même du nombre de jours que ces ouvriers ont passé sans travailler. Elles atteignent, en 1901, 14.795 ; en 1902, 21.896, et en 1903, 27.391.

Le déficit de 1901 avait été imputé sur la réserve constituée en 1900. Cette réserve compléta la somme nécessaire à l'exercice 1902, mais ne contenait plus que 12.967 fr. 45 pour faire face à l'excédent des dépenses de 1903. 9.463 fr. 75 ont du être pris à la caisse fédérale.

Il nous reste à espérer, tout en manifestant notre réelle admiration pour l'œuvre de profonde solidarité sociale que la Fédération du Livre a entreprise, il nous reste à espérer, disons-nous, que les sacrifices consentis par les fédérés pour 1904 permettent à la caisse d'amortir ce déficit et de prendre un essor d'autant plus puissant qu'il sera dégagé de toute préoccupation matérielle.

L'évolution vers le machinisme, parvenue tard dans l'atelier typographique, n'en produit pas moins de terribles misères. Nous constatons que si les patrons du livre bénéficient d'une réelle économie de main-d'œuvre, ils n'ont pas suivi l'exemple donné par les patrons gantiers, lors de l'apparition des pre-

mières machines à découper les peaux. Ils se content-
tent d'admirer, d'un œil tout platonique, les efforts
tentés par leurs ouvriers sans contribuer, de quelque
façon que ce soit, à soulager tant de misères. Soit
que l'État se décide à intervenir directement, soit
qu'il oblige les patrons, bénéficiaires directs du machinisme, à le faire eux-mêmes, une intervention s'impose en faveur de la Caisse de chômage du Livre.

Nous dirons dans la dernière partie de cet ouvrage
quelle intervention est proche et de quelle façon elle
se manifestera.

V. Avons-nous tout dit ? L'œuvre des syndicats
peut-elle être considérée comme relativement suffisante lorsque le chômeur a, durant une période fixée
à l'avance, reçu de la caisse de prévoyance une
indemnité qui lui a permis de vivre ? S'il n'a pas à la
fin de cette période trouvé de travail, cessera-t-on de
s'intéresser à lui ? C'est le cas le plus général, pour
ne pas dire le plus ordinaire.

La statistique de 1902 ne nous révèle qu'un nombre
fort restreint de syndicats promettant à leurs chômeurs une indemnité d'une durée illimitée. Et même
cette promesse n'est-elle pas quelquefois violée lorsque
les jours viennent à faire défaut ?

14 syndicats assurent, répétons-le, une indemnité
dont la durée annuelle est limitée ; ce sont : (1)

----

(1) *Les Caisses de chômage.*

NOM DU SYNDICAT	TAUX de l'indemnité
1° Ouvriers en chaussure de Châteaubriant.........	"
2° Brossiers de Béthisy-Saint-Pierre (Oise)..........	"
3° Mineurs et similaires de Montchanin	Variable
4° Ouvriers et ouvrières en bretelle de la Seine. ...	0 75
5° Coupeurs et brocheurs en chaussure « La Solidarité » (Paris)...............................	4 "
6° Sculpteurs sur bois (Paris)	1 75
7° Tisseurs en tous genres (Paris)....................	3 "
8° Constructeurs mécaniciens (Rouen)...............	1 50
9° Fondeurs de fer (Rouen)........................	1 "
10° Cotonniers (Bolbec)............................	0 75
11° Travailleurs des fonderies (Deville-lès-Rouen)....	1 50
12° Emballeurs de porcelaine « La Prévoyante » (Limoges)...................................	1 "
13° Garçons de magasins et emballeurs « L'Utile » (Limoges)................................	1 25
14° Modeleurs et mouleurs en plâtre (Limoges)......	0 60 à 3 "

L'appui du syndicat paraît dans ce cas pleinement efficace à condition, bien entendu, que la surveillance du chômeur soit effective, et que la sécurité du pain de chaque jour, si sec qu'il puisse être, ne donne une quiétude trop grande à l'ouvrier et ne paralyse ses efforts pour rechercher du travail. Un bureau de placement doit du reste être la contre-partie de toute caisse de chômage bien comprise.

Mais 14 syndicats seulement promettent ; nous disons promettent, car nous redoutons de voir fort peu d'entre eux tenir leur engagement en cas de crise, promettent, répétons-nous, des indemnités illimitées en durée.

Le nombre des autres, au contraire, fixe un terme à la distribution des secours. Ce terme est-il suffisamment éloigné ? Voilà ce que nous devons nous demander. Beaucoup d'ouvriers restent-ils sans travail, une fois ce terme dépassé ? Voilà ce que la statistique de 1902 nous permettra de constater.

En premier lieu nous dirons qu'un terme, quel·qu'il soit, nous paraît quelque peu injuste. Il est de toute évidence que la durée du chômage est variable à l'infini, et dire aux prévoyants : « Vous n'aurez le droit de chômer que tant de jours par an », peut sembler arbitraire. Il est facile, en revanche, de dire que le syndicat, pour une cotisation de 1 fr. par exemple, assure une indemnité de 1 fr. 50, pendant tant de semaines, aux chômeurs prévoyants. Telle est, du reste, la véritable position de la question.

Mais, en général, le délai de secours est bien court ou insuffisant.

En 1902, 3.935 chômeurs furent secourus par les diverses caisses syndicales, 758 étaient encore sans travail après avoir épuisé leurs indemnités. Nous reconnaîtrons aussi l'intensité de ce mal en considérant que, plus le nombre de chômeurs secourus est important, plus le nombre des sans travail après épuisement de leur indemnité est important. Il y a donc là presque une proportion fixe à établir.

$$\frac{758 \times 100}{3935} = 19 \ {}^0/_0 \text{ environ.}$$

Il reste, dans l'état des caisses de chômage actuelles, 19 ${}^0/_0$ environ de chômeurs qui ne parviennent pas à trouver du travail avant d'avoir consommé le

11

fruit de leur prévoyance. Ils sont destinés, ceux-là, à grossir le contingent des assistés, la misère seule leur reste malgré tous les efforts qu'ils ont pu tenter.

La question présente le plus grand intérêt. Il convient de trouver des ressources suffisantes pour consolider l'œuvre des syndicats et éviter qu'une pareille injustice se réalise sans qu'on paraisse s'en soucier autrement.

On pourrait admettre l'indifférence envers l'ouvrier imprévoyant que frappe le chômage, mais, réellement, là le cas n'est pas le même, l'effort d'épargne a été fait et malgré cela inexorable. Le chômage terrasse celui qui s'efforce de l'éloigner ou de l'atténuer dans la limite de ses moyens. Nous rencontrons ici une raison de plus à ajouter à toutes celles qui militent en faveur d'une intervention des patrons de l'État, des départements ou des communes en matière de chômage.

LIVRE IV

CHAPITRE PREMIER

Caisses syndicales subventionnées
par les municipalités.

CHAPITRE II

Caisses fédérales du département du Cher.

CHAPITRE III

Projets de subventions de la ville de Paris
aux caisses de chômage.

CHAPITRE PREMIER

Les caisses syndicales subventionnées par les municipalités.
I. Dijon. — II. Limoges. — III. Lyon. — IV. Amiens. V. Reims.

I. Le 22 juillet 1896, un certain nombre de membres du conseil municipal de *Dijon*, songeaient à proposer à leurs collègues d'allouer des secours aux chômeurs. Le 7 octobre, un règlement fut adopté à l'unanimité auquel devait se conformer les syndicats pour bénéficier d'une subvention communale. Le conseil écartait toute institution qui eut pu, de près ou de loin, ressembler à l'assistance publique. Les secours distribués par l'assistance publique ne sont, en effet, accordés qu'aux « indigents notoires, et les ouvriers mettent un certain amour-propre, très louable et très légitime, à ne pas passer pour indigents ». Les secours de chômage ne pouvaient donc dépendre de l'assistance publique, et les syndicats parurent, aux conseillers municipaux de Dijon, l'intermédiaire naturel et le plus immédiat entre les pouvoirs publics et les travailleurs. La commune, en principe, avait admis de participer aux trois quarts de la dépense occasionnée aux syndicats par les caisses de chômage.

Mais (1), fut-il dit « nous n'entendons pas nous tenir strictement à la lettre du règlement, et, lorsque le chômage se prolongera au delà des limites fixées, il y aura lieu d'appliquer largement l'article 6, qui permet d'allouer des subventions complémentaires pour les cas extraordinaires.

Jusqu'en 1900, les progrès faits par les syndicats de la ville sont très restreints, puisque le rapporteur du projet nouveau de règlement expose que ce ne sont pas des nécessités d'ordre financier qui motivent la révision de l'ancienne règle, mais qu'il s'agit, tout simplement, de lier les successeurs du conseil en fonction.

« Il convient, croyons-nous, expose le rapporteur, à la veille de l'expiration de notre mandat, d'assurer la perpétuité de notre œuvre en la rendant plus acceptable pour tous les partis susceptibles d'entrer au conseil municipal » (2). Nous confessons humblement, quant à nous, que l'œuvre nous semble fort acceptable pour tous les partis. Peut-être que la ré-

(1) *Bulletin municipal officiel*. 24 février 1900.
(2) *Bulletin municipal officiel*, 24 février 1900.

partition des subsides, effectués sur des bases aussi peu certaines, laissait trop de prise à l'esprit du parti et que, dans la crainte de justes représailles, le conseil sortant tenait à lier ses successeurs. Notre opinion est, du reste, purement gratuite.

Après une discussion très courte sur le rôle de la Bourse du Travail, chargée de la vérification des feuilles de contrôle et d'émettre un avis sur les demandes de subventions présentées à la ville, le règlement nouveau fut adopté.

Disons un mot du rôle que la mairie de Dijon donne à la Bourse du Travail de cette ville.

« Art. 8. — Toute demande de subvention devra être revêtue de l'avis de la Bourse du Travail qui certifiera que la demande du syndicat est justifiée par l'insuffisance de ses recettes spéciales de l'année écoulée. »

Pourquoi la ville de Dijon oblige-t-elle tous les syndicats, même ceux qui n'adhéreraient pas à la Bourse, à se soumettre au contrôle de cette dernière? Pourquoi lui concéder ce monopole ? Nous pensons que tous les syndicats de la ville sont affiliés à cet établissement, mais il peut s'en créer de nouveaux, des dissidents se séparer de la Bourse. Devront-ils être à jamais privés de subvention ?

Les dispositions du règlement municipal que nous devons retenir sont les suivantes :

Règlement concernant les caisses de chômage :

« Des subventions seront accordées sur les fonds

de la ville aux caisses de chômage établies par les syndicats ouvriers et dont les statuts auront été approuvés par le Conseil municipal. Ces subventions seront, à compter de ce jour, soumises aux règles suivantes :

« Art. 1er· — Le syndicat devra s'imposer une cotisation spéciale destinée à alimenter sa caisse de chômage d'une façon régulière.

« Art. 2. — *Il ne lui sera accordé de subvention qu'autant que les recettes spéciales de sa caisse auront été insuffisantes pour assurer le secours prévu aux chômeurs.*

« Art. 3. — En cas d'insuffisance constatée, il sera accordé au syndicat une somme égale au déficit jusqu'à concurrence du montant des cotisations perçues.

« Art. 4. — Aucun chiffre minimum n'est fixé ; la ville ne subventionnera que jusqu'à concurrence de 2 francs par jour, dimanches et fêtes non compris. Les syndicats qui accorderaient davantage aux chômeurs ne pourront réclamer que le déficit résultant du paiement des journées ramenées au chiffre de 2 francs. Le surplus restera à leur charge. De même, la ville ne subventionnera aucun chômeur n'ayant pas au moins un an de résidence à Dijon ; les secours accordés avant ce délai resteront entièrement à la charge des syndicats et seront réduits au déficit accusé.

« Art. 5. — Aucune durée de secours n'est imposée

aux syndicats, qui baseront nécessairement cette durée sur leurs ressources doublées par la subvention municipale.

« Art. 6. — Dans le cas où le double des recettes aurait été atteint et que le chômage persisterait au delà du terme fixé par les règlements spéciaux, il pourra être accordé une subvention supplémentaire aux chômeurs du syndicat en chômage. Toutefois, ce supplément de secours ne sera accordé que si le syndicat s'impose une cotisation de chômage d'au moins 50 centimes par mois et par adhérent.

« Art. 7. — Dans tous les cas extraordinaires, la demande adressée au Conseil municipal sera accompagnée d'un certificat de la Bourse du Travail si ce syndicat y est adhérent, attestant que les renseignement fournis par le syndicat sont exacts. »

Le principal défaut de ce règlement nous semble résider dans l'article 2.

La ville, sans fixer un minimum à la durée des secours de chômage, stipule un minimum trop restreint de cotisations et ne fournit des ressources aux syndicats que dans le cas où les leurs sont épuisées. Tous les groupements ont donc grand intérêt à les épuiser au plus tôt pour profiter de la subvention de la ville. La ville fera un effort égal au déficit ou au montant des cotisations versées, *mais seulement s'il y a déficit.* La caisse de chômage a donc, répétons-le, intérêt à se mettre en déficit. Un membre de la Bourse du Travail, qui a bien voulu nous renseigner sur les institutions de chômage de Dijon, constate lui-même que les syndicats basent la durée de secours sur les ressources de la caisse de chômage augmentées *du triple par la subvention municipale* (1).

Toutefois, et malgré les bonnes intentions de la municipalité, l'effort des syndicats semble être des plus faibles. En 1896, une seule caisse, celle du syndicat des ouvriers typographes, fonctionnait. En 1900, M. Marpaux observait que l'effort des ouvriers, en vue d'obtenir une subvention pour leur caisse de chômage, était très faible. Le conseiller rapporteur de 1902, M. Piffret, constate : « Nous terminerons notre rapport en exprimant le vœu d'avoir à examiner l'année prochaine un plus grand nombre de demandes. Il nous serait agréable d'avoir alors à *constater un effort plus considérable dans le versement des cotisations* (nous avons expliqué pourquoi ces cotisations étaient, à notre avis, réduites), pour donner à l'institution des caisses de chômage l'extension qu'elle doit prendre au sein des associations des travailleurs » (2).

Il nous a été impossible malgré nos demandes de nous procurer les chiffres des subventions allouées en 1903 et 1904 aux syndicats. La ville de Dijon et la

(1) Nous reproduisons ici une communication qui nous a été adressée le 13 mars 1905 par la Bourse du Travail de Dijon, postérieurement au nouveau règlement qui fixe pourtant le minimum de la subvention au montant des cotisations perçues. S'agit-il du jeu de l'article 6 du règlement ?

(2) *Les Caisses de chômage.*

Fédération des syndicats ouvriers semblent peu disposées à fournir des renseignements.

La totalité des syndicats ayant une caisse de chômage participaient en 1902 à la subvention de la ville. L'effort total des 11 syndicats dijonais en 1902 atteignait 6.594 fr. d'indemnité de chômage. La ville leur avait versé 3.130 fr. Les bases du calcul, après le vote du règlement de 1900, ne semblaient pas être immuables. De plus nous avons pu constater que l'article 6 prévoit une allocation nouvelle dans le cas où la somme provenant de la première subvention et du montant des cotisations serait épuisée. *Cette nouvelle prestation est sans limites.* Il y a là un grand danger à notre avis et un encouragement donné aux syndicats à réclamer seulement 0 fr. 50 de cotisation mensuelle à leurs chômeurs pour frapper aux guichets de la ville le plus souvent possible. N'est-ce pas faciliter la politique du « donner le moins pour avoir le plus » au lieu d'encourager la fondation de caisses solides de prévoyance basées sur des calculs sévères et constituant des réserves capables de parer à l'imprévu ? Il est des caisses non subventionnées et sagement administrées qui savent en former.

Les caisses de chômage de Dijon ont coûté à cette ville en :

1897...............	2.320 fr. à 13 caisses
1898...............	3.510 fr. à 13 —
1899...............	7.264 fr. à 12 —
1900...............	4.800 fr. à 13 —

1901..............   3.340 fr. à 12 caisses
1902..............   3.130 fr. à 11   —

II. Tout autre est le système qu'a adopté la ville de *Limoges* pour la répartition de la subvention inscrite à son budget depuis 1890. A cette époque elle s'élevait à 100 fr. et pour 1904 elle atteint le chiffre de 12.000 fr.

La ville de Limoges, dès 1854, s'est intéressée aux sociétés ouvrières, puisque à cette époque déjà elle accordait des subsides aux sociétés de secours mutuels contre la maladie. Nous avons, de plus, constaté au courant de cette étude, que le développement syndical avait, à Limoges, une très considérable intensité et que les caisses de chômage y fonctionnaient d'une manière très satisfaisante, au moins dans l'industrie de la céramique, qui reste une des plus importantes de cette ville.

L'initiative de la demande de subvention à la ville devait en effet venir des ouvriers céramistes qui, les premiers, sollicitèrent en 1891, une aide pécuniaire pour la caisse de chômage des modeleurs et mouleurs en plâtre. Ils obtinrent, à cette époque, une allocation de 100 fr. qui fut portée successivement à 200 fr. en 1892, 250 en 1893, 500 en 1894.

Mais il restait une besogne plus large à entreprendre, un principe excellent à généraliser.

La commission du budget entra résolument dans cette voie le 23 décembre 1896.

« Désireuse de venir en aide aux ouvriers atteints par le chômage, cause de misère et de ruine pour un grand nombre de travailleurs, la commission et l'administration vous demandent de porter le crédit à 6.000 fr. et de libeller l'article ainsi : « Subvention « aux caisses et sociétés de chômage légalement « constituées » (1).

La proposition émise dans un milieu pleinement favorable ne fut même pas l'objet d'une opposition. Il n'y eut discussion que sur le mode de répartition parmi les intéressés de la somme figurant au budget.

Deux systèmes se trouvèrent en présence. D'après le premier, la subvention devait être répartie entre toutes les sociétés au prorata du nombre de leurs membres ; d'après le second, cette subvention devait être distribuée non seulement au prorata du nombre des cotisations à chaque caisse, mais encore au prorata du taux des cotisations. Cette dernière partie de la proposition paraissant favoriser exclusivement les ouvriers à gros salaire dont les cotisations aux caisses de chômage seraient plus fortes que celles des ouvriers à petite rétribution, fit adopter le premier système, c'est-à-dire la répartition des subsides communaux au prorata du nombre des inscrits aux caisses à subventionner. Les fonds sont donc depuis cette époque délivrés sur la seule demande des syndicats qui présentent, à l'appui de cette dernière, la liste nomina-

---

(1) *Les Caisses de chômage*, p. 70.

tive des adhérents à la caisse de chômage. Cette liste doit être certifiée sincère et véritable par les membres du bureau de chaque caisse.

L'annonce du vote de ce fonds de subvention communale trouva à Limoges, en 1896, deux caisses de chômage. Dans le courant de l'année, le subside qui était prévu pour le budget de 1897 put se répartir entre 19 caisses de secours. Le vigoureux coup de fouet donné aux institutions de chômage, à cette époque, ne devait pas produire, comme à Dijon, un effet momentané. L'essor constant que prennent les caisses de chômage de Limoges est une preuve de l'utilité de la mesure adoptée par l'administration communale, qui n'a pas hésité à porter, pour 1905, la subvention à 12.000 fr. Le nombre des caisses à subventionner est passé aussi de 19 pour 1897 à 35 pour 1905.

De plus, et c'est avec un extrême plaisir que nous le constatons, les statistiques officielles (1) nous permettent de dire qu'à la fin de l'exercice 1902, les caisses syndicales limousines avaient un avoir disponible de plus de 27.000 francs.

De semblables chiffres nous éloignent de ceux que nous examinions naguère pour *Dijon, dont pas une caisse de chômage n'accusait d'avoir en fin d'exercice en 1902.*

Nous verrons, au courant de ce chapitre, quelques

____

(1) *Les Caisses de chômage,* pages 65 et 66.

autres tentatives d'intervention communales ou départementales en faveur des caisses de chômage. Elles sont trop récentes pour avoir encore présenté des résultats ; mais il serait à souhaiter de leur voir suivre l'exemple de Limoges qui a certainement consolidé et fortement intensifié le mouvement de prévoyance contre le chômage dans ses murs.

Voici le tableau des subventions allouées par la ville depuis 1897 :

ANNÉES	NOMBRE de Caisses subventionnées	NOMBRE de Membres	MONTANT de la Subvention municipale
1897	19	1.432	6.000
1898	20	1.004	6.000
1899	25	1.195	7.000
1900	26	1.267	8.500
1901	28	1.715	8.500
1902	32	2.285	8.500
1903	» (1)	»	11.500
1904	35	2.542	12.000

III. Nous avons insisté d'une façon toute particulière sur les systèmes de subvention de Dijon et de Limoges parce que ce sont les seuls qui, grâce à leur existence déjà vieille de quelques années, nous permettent de connaître les résultats de l'action communale. Disons-le tout de suite, sans être le meilleur moyen d'intervention en faveur des chômeurs, si la

(1) Nous n'avons pas pu nous procurer les chiffres manquant au présent tableau.

subvention est répartie à un nombre plus ou moins important de caisses syndicales, c'est, du moins, de tous ceux employés jusqu'alors en France, celui qui, à nos yeux, est préférable. Encore faut-il qu'un réel esprit d'administration préside à la répartition des subsides communaux. De plus, nous avons maintes fois émis l'opinion que des syndicats isolés, à moins qu'ils ne soient puissants, nous paraissent incapables de fonder un système sérieux d'assurance chômage. Dans ces conditions, l'action communale ne pouvant se manifester qu'en faveur des syndicats locaux, ne peut pleinement réussir que si les caisses qu'elle secourt sont solides. Notre idée tourne au cercle vicieux, mais la situation des syndicats français, au point de vue du chômage, ne peut-elle pas se résumer par cette proposition : les caisses syndicales de chômage sont fragiles, à cause de leur petit nombre d'adhérents et de leurs faibles recettes. Pourquoi leur personnel est-il peu nombreux et peu disposé à faire des sacrifices ? Parce que les caisses ne sont pas solides et que l'ouvrier trouve inutile de s'imposer une dépense qui ne lui rapportera rien, ou presque, et qui assurera mal le risque toujours menaçant du chômage.

Abordons maintenant l'étude des projets de subvention que diverses villes se proposent d'accorder aux caisses de chômage en 1905.

Nous devons à l'amabilité de M. Godard, adjoint au maire de *Lyon*, un exemplaire du règlement voté par le conseil municipal de cette ville portant les conditions essentielles dont doivent s'inspirer les statuts des caisses syndicales de chômage pour participer aux subsides inscrits au budget de la cité lyonnaise.

Le principe dominant nous semble, sauf la restriction que nous avons toujours faite sur ce mode de répartition, fort bien choisi. La ville doublera la cotisation ou, suivant les disponibilités budgétaires, fera un sacrifice proportionnel à celui des ouvriers. La ville devra donc se faire présenter un état des cotisations perçues au profit de la caisse syndicale, et chaque année, par rapport à ce total, accordera à l'institution une part de la somme prévue au budget, proportionnelle à ce même total.

Pour 1905, la cotisation de chaque syndiqué à la caisse de chômage sera doublée par la subvention de la ville jusqu'à concurrence de 1 fr. par mois. Voici du reste le règlement qui présidera à la répartition des fonds.

Conditions essentielles
dont doivent s'inspirer les statuts pour participer aux subventions de la ville :

« Art. 1er. — La caisse de chômage a une existence distincte de celle du syndicat. Elle est pourvue d'une comptabilité spéciale et gérée par un trésorier autre que celui du syndicat.

« Art. 2. — La caisse ne garantit des secours qu'en cas de chômage involontaire et pour une durée n'excédant pas, en une ou plusieurs fois pour un même syndiqué, deux mois par an. L'indemnité journalière de chômage ne pourra pas excéder 2 francs.

« Art. 3. — La caisse de chômage est alimentée :

« 1° Par les cotisations individuelles de ses membres ;

« 2° Par les subventions de la ville ;

« 3° Par les recettes extraordinaires provenant des dons, legs, fêtes, souscriptions, etc...

« Art. 4. — La cotisation individuelle de chaque membre est constituée soit par un versement spécial indépendant de la cotisation syndicale, soit par un prélèvement régulier établi statutairement sur cette cotisation. Dans les deux cas, le paiement de la cotisation afférente à la caisse de chômage sera constaté au moyen d'une quittance détachée d'un registre à souche spécial.

« Art. 5. — La subvention de la ville sera calculée uniquement d'après le montant des cotisations individuelles, à l'exclusion de toute autre nature de recettes. La proportion suivant laquelle cette subvention viendra augmenter les cotisations individuelles des syndiqués sera fixée chaque année par le conseil municipal. En aucun cas, elle ne pourra être supérieure aux recettes provenant des cotisations individuelles.

« Art. 6. — Pour obtenir le paiement de la subvention, le trésorier de chaque caisse syndicale de chômage devra :

« 1° Produire à l'administration municipale le bilan mensuel des indemnités par la caisse payées ;

« 2° Communiquer au délégué de l'administration, du 1er au 15 juillet de chaque année, l'état des recettes fournies sur les cotisations individuelles pendant le premier semestre, et, du 1er au 15 janvier, l'état des recettes de même nature réalisées pendant le deuxième semestre ;

« 3° Présenter, à l'appui de cette communication, les talons de registre à souche constatant le versement des cotisations individuelles ou le prélèvement sur la cotisation syndicale.

« Art. 7. — Sur le vu de ces justifications, la subvention de la ville sera payée en deux termes, du 15 au 30 juillet pour le premier semestre, et du 15 au 30 janvier pour le deuxième semestre.

« Art. 8. — Le syndicat prend l'engagement de faire tous ses efforts pour restreindre le chômage ; il aura soin, notamment, de faire inscrire les chômeurs au bureau municipal de placement. »

Répétons une fois encore que l'ouvrier à petit salaire qui ne pourra faire qu'un sacrifice de 0 fr. 50 par mois profitera, lui qui en aurait besoin plus que tout autre, d'une majoration communale moindre que celui que ne gênera pas une cotisation mensuelle de 1 franc.

Cette restriction faite, le système nous paraît parfaitement conçu et capable de développer l'assurance chômage parmi les syndicats lyonnais. Tout reste à faire, croyons-nous. La statistique de 1902 ne nous présente que 4 syndicats ayant fondé à Lyon des caisses de chômage ; celui des coupeurs en chaussures est le seul à compter plus de 100 membres.

En ce qui concerne la ville d'*Amiens*, nous nous bornerons à reproduire textuellement les renseignements qu'a bien voulu nous fournir M. le Maire de cette ville :

« Un crédit de 500 francs est inscrit au budget de 1905 pour subventionner les caisses de chômage. La répartition de cette somme sera faite en fin d'année, au prorata des secours accordés par les différentes caisses qui feront appel au concours de l'administration municipale. »

Ce mode de répartition permettra-t-il aux syndicats de constituer des réserves ? Il offrira cet avantage incontestable : c'est que, *a priori*, l'effort de la ville étant inconnu, il n'aura pas pour effet de restreindre celui de l'ouvrier et sa prévoyance.

IV. La ville de *Reims* applique, depuis le 1er mai 1904, pour la répartition d'une somme de 5.000 fr., qui figure au nombre de ses dépenses, un système de majorations calqué sur le fonds gantois. La seule différence réside en ce fait que les subsides communaux sont répartis par une commission exclusivement municipale. Nous avons dit naguère tous les avantages de la création gantoise et nous n'y reviendrons pas. Disons seulement que c'est avec un réel plaisir que nous la voyons fonctionner en France.

Nous reproduisons intégralement le texte du règlement adopté par le Conseil municipal de Reims, le 28 avril 1904.

« Art. 1er. — Il est affecté par la ville, pour l'année 1904, une subvention municipale de 5.000 francs destinée à favoriser et à développer l'assurance contre le chômage involontaire.

« Art. 2. — L'emploi de cette subvention sera fait comme suit : Il sera alloué à chaque chômeur affilié à une caisse de chômage syndicale, une majoration de l'indemnité journalière touchée à sa propre caisse.

« Cette majoration ne pourra dépasser 0 fr. 75 par jour, pour n'être plus élevée que l'indemnité versée par la caisse syndicale.

« Le même chômeur pourra recevoir de la ville, à titre de majoration pendant une année, une somme maximum de 25 francs.

« Au cas où, pour une raison quelconque, la caisse syndicale ne paierait pas l'indemnité à ses membres, la majoration ne pourra également être perçue.

« Art. 3. — Les syndicats d'ouvriers ou employés qui possèdent dans leur sein une caisse de chômage ayant au moins 6 mois d'existence, administrée spéciale-ment, et dont les fonds ne peuvent recevoir d'autre affectation que pour le chômage et qui en feront la demande à l'administration municipale, déclarant connaître et consentir aux dispositions du règlement élaboré par le Conseil, auront droit à la majoration communale.

« Les membres participant à une caisse de chômage syndicale, ne recevront la majoration que s'ils ont 6 mois de résidence à Reims.

« Art. 4. — Les syndicats devront, pour être admis à bénéficier de la subvention, déposer à la mairie, les statuts et règlements actuellement en vigueur, de leur caisse de chômage, faire connaître le nombre exact des participants, tenir un registre constamment à jour, sur lequel seront régulièrement inscrits :

« 1° Les noms, prénoms, domiciles, profession et numéro matricule de tous les membres recevant les secours de chômage ;

« 2° Le montant de l'indemnité allouée par la caisse de chômage syndicale, conformément à ses statuts ;

« 3° Le montant de la majoration allouée par la ville, par journée et par chômeur ;

« 4° Le nombre de jours de chômage et de jours donnant droit à majoration, ainsi que les dates, et année.

« Art. 5. — Auront droit à obtenir une majoration :

« 1° Les indemnités de chômage involontaire, total ou partiel :

« 2° Les indemnités en cas de bris ou d'incendie

dans les fabriques et ateliers, ou de cessation d'exploitation.

« Ne pourront donner lieu à majoration :

« 1° Les indemnités en cas de maladie ou d'accident ;

« 2° Les indemnités de grève ;

« 3° Les indemnités de voyage.

« Art. 6. — Les trésoriers de chaque caisse syndicale feront, s'ils le veulent, l'avance de la majoration aux ayants-droit.

« Dans la première quinzaine de chaque mois, ils devront dresser un bordereau indiquant :

« 1° Les sommes qu'ils ont payées à leurs membres chômeurs ;

« 2° Les majorations avancées dans le mois écoulé.

« Ce bordereau sera remis au secrétaire général de la Bourse du Travail qui touchera mensuellement la totalité des majorations à la caisse municipale et les répartira à chaque caisse.

« A défaut de présentation du bordereau dans la première quinzaine du mois, la majoration ne sera payable que le mois suivant.

« Art. 7. — Le chômeur qui refuserait un emploi de sa profession, dans la ville, rétribué au taux normal, qui lui serait indiqué par le Comité de son syndicat, sera exclu du bénéfice des majorations.

« Art. 8. — Tous les ans, les syndicats ayant participé à la subvention de chômage, devront faire parvenir, pour la fin de janvier, une copie de leurs comptes annuels.

« Art. 9. — Il sera nommé une commission de vérification, composée de trois conseillers municipaux
nommés par le Conseil, et de trois délégués ouvriers
choisis par les syndicats participants.

« Cette commission se réunira au moins une fois
par mois et toutes les fois que cela sera nécessaire,
pour s'assurer du bon emploi de la subvention et de
l'observation des dispositions du règlement. Elle sera
présidée par le maire ou son délégué.

« Deux membres de la commission auront le rôle
de contrôleurs.

« Art. 10. — Le registre des chômeurs devra être
tenu à la disposition des contrôleurs aux heures et
jours qui conviendront le mieux pour ne pas causer
de pertes de temps sur la journée de travail.

« Tous les membre de la commission prendront
l'engagement d'honneur de ne divulguer aucune des
indications personnelles qu'ils auraient puisées dans
lesdits livres.

« Art. 11. — Toute fraude, relevée à la charge des
membres participants, pour obtenir indûment la
majoration, à celui qui s'en sera rendu coupable ;
s'il est établi que le ou les fonctionnaires de la caisse
de chômage, ont agi de connivence avec le fraudeur,
la caisse du syndicat pourra être privée, pendant un
temps plus ou moins long, mais ne dépassant pas une
année, du bénéfice de la subvention.

« Art. 12. — La Commission de vérification fera
tous les ans, au Conseil municipal, un rapport dé-

taillé sur l'activité et les résultats obtenus par l'assurance contre le chômage. » .

« A part les caisses de l'imprimerie et de la lithographie, nous écrit M. le secrétaire de la Bourse du Travail de Reims, toutes les autres caisses de chômage sont de création récente et quelques-unes n'ont été fondées que lorsque le projet de subvention a été déposé sur le bureau du Conseil municipal par trois ouvriers syndiqués, conseillers municipaux. »

Voici l'état des majorations remboursées en 1904 par la ville sur le crédit de 5.000 francs affecté à ce service :

Le syndicat rémois de l'industrie lainière : 625 francs 90, représentant 834 jours et demi de chômage ; 92 chômeurs.

Le syndicat des charpentiers : 82 fr. 25, pour 110 jours ; 4 chômeurs.

Le syndicat des employés : 24 fr. 75, pour 57 jours ; 2 chômeurs.

Le syndicat des teinturiers : 15 fr., pour 20 jours ; 1 chômeur.

Le syndicat des serruriers : 42 fr. 75, pour 57 jours ; 2 chômeurs.

Le syndicat des tonneliers et cavistes : 10 fr. 25, pour 15 jours ; 1 chômeur.

Le syndicat des trieurs de laine : 125 francs, pour 166 jours ; 5 chômeurs.

Le syndicat des menuisiers : 15 francs, pour 20 jours ; 1 chômeur.

Le syndicat de l'imprimerie rémoise : 36 francs, pour 48 jours : 3 chômeurs.

Le crédit affecté au service des chômeurs, en 1905, est de 8.000 fr. Une dépense plus forte que celle de 1904 est en effet à prévoir, puisque le service des majorations ne date que de mai et que des caisses trop jeunes, ou en projet, n'ont pu être admises à en bénéficier.

L'institution n'en paraît pas moins du plus haut intérêt, et nous estimons que les auteurs du projet, MM. Lefèvre, Auger et Verte, ont bien mérité, non seulement de tous les ouvriers rémois, mais de tout le salariat, en tendant à acclimater en France une création dont tant de villes de Belgique n'ont qu'à se louer.

CHAPITRE II

**Les caisses fédérales du département du Cher.
I. Bourges. — II. Vierzon. — III. Mehun-sur-Yèvre.**

Nous avons voulu faire une place spéciale aux trois caisses de chômage de Bourges, Vierzon et Mehun-sur-Yèvre parce qu'elles nous ont paru procéder d'une conception particulièrement intéressante. Bien que de fondation trop récente pour avoir fourni des résultats appréciables, elles ne laissent d'inspirer à leurs fondateurs et à nous-même de très légitimes espérances.

Deux traits essentiels caractérisent les trois caisses de chômage de Bourges, Mehun-sur-Yèvre et Vierzon. Le premier est qu'elles sont des caisses fédérales fondées à la Bourse du Travail de chacune de ces villes et communes à tous les syndicats. Le second trait est que le Conseil général du Cher les subventionne.

En effet, le 21 août 1903, le Conseil général, après une très courte discussion d'un caractère purement politique, porta à 2.700 francs le crédit de 2.200 fr. accordé jusqu'alors aux Bourses du Travail du Cher. L'augmentation de 500 fr., sollicitée par la Bourse de Bourges, serait répartie ainsi qu'il suit entre les Bourses de Bourges, Vierzon et Mehun, savoir :

Bourges .... 250 francs.
Vierzon .... 175 —
Mehun .... 75 —

Cette allocation très faible, il est vrai, semble avoir été renouvelée pour 1905.

Aucune prescription n'a du reste été imposée aux bénéficiaires pour recueillir les subsides départementaux, pas plus que pour les conditions de fonctionnement des caisses ainsi subventionnées.

I. La création de la caisse de chômage de la *Bourse du Travail de Bourges*, date du 16 janvier 1904.

Elle est fondée parmi les membres des syndicats adhérents à la Bourse. Les membres participants ne sont soumis à aucune condition d'âge, de domicile, de profession ou de nationalité.

Les membres participants sont admis à la majorité des voix par le Conseil d'administration de la société, à titre provisoire et sauf ratification par la plus prochaine assemblée générale ordinaire. Ils n'ont droit à l'indemnité de chômage qu'après six mois de versement.

Art. 4. — Seront seuls admis comme membres participants et, conséquemment, pourront seuls bénéficier des avantages de la caisse de chômage, les membres réguliers des syndicats adhérents à la Bourse du Travail.

Les camarades sollicitant leur adhésion à la société seront tenus de présenter au conseil leur livret ou la dernière quittance de leurs cotisations syndicales. Ils ne devront pas être plus de trois mois en retard avec la caisse trésorière de leur organisation professionnelle.

. . . .

Art. 6. — La caisse de chômage est administrée par un Conseil composé d'un président, d'un secrétaire, d'un trésorier et de sept administrateurs.

Les recettes de la société sont composées du produit des cotisations des membres participants et de recettes complémentaires telles que : subventions, droits d'admission, cotisations des membres honoraires, dons et legs, produits de fêtes, tombola, etc...

L'administration de ces recettes est confiée au trésorier, qui ne pourra toutefois conserver en caisse plus de 50 francs. Le surplus sera versé à la caisse d'épargne de Bourges.

Disons, à ce propos, que l'article 13 de la loi du 9 avril 1881, prévoyait un maximum de 15.000 francs pour les versements aux caisses d'épargne, à condition d'être autorisé à cet effet par le ministre du commerce. La circulaire ministérielle du 19 décembre 1903 admet tous les syndicats régulièrement constitués à effectuer les versements jusqu'à ce maximum, à condition qu'ils justifieront, par le dépôt des statuts réguliers, de leur constitution en conformité de la loi de 1884. Ce ne sera donc plus qu'en cas de difficultés qu'il en sera référé à l'administration.

La cotisation des membres actifs de la Caisse de Bourges est fixée, quelle que soit leur profession, provisoirement à 0 fr. 50 par mois. Elle pourra être augmentée par l'assemblée générale. De plus, un droit d'admission de 2 francs doit être versé par les nouveaux adhérents.

En ce qui concerne l'indemnité de chômage, elle est basée, jusqu'à nouvel ordre, sur les ressources de la caisse, et provisoirement fixée à 1 fr. 50 par jour (jours fériés compris) sans que les statuts fixent la durée du secours.

Art. 22. — Est considéré comme chômeur :

1º Tout sociétaire capable de travailler mais sans ouvrage depuis plus de 15 jours ;

2º Tout sociétaire refusant de travailler dans une maison en grève ou mise à l'index.

Dans le cas de maladie, nul ne peut être considéré comme chômeur, à moins que la maladie survienne pendant le chômage.

Le gréviste n'est pas considéré comme chômeur.

Art. 23. — Pour avoir droit à l'indemnité prévue par l'article 21, le chômeur doit avertir le secrétaire, de l'état de chômage où il se trouve, le premier jour de la cessation du travail.

Il est tenu en outre de signer quotidiennement le livre de permanence et de se rendre en toute diligence aux places qui lui sont indiquées par le secrétaire de la Bourse du travail et selon les salaires portés au tarif syndical.

En cas d'inobservation du présent article le chômeur ne pourra plus faire valoir ses droits.

Art. 24. — Tout sociétaire ne pourra bénéficier de l'indemnité de chômage qu'autant qu'il sera à jour de ses cotisations depuis un mois.

Art. 25. — Tout sociétaire allant travailler hors de la ville de Bourges, est tenu, pour conserver ses droits, d'informer le secrétaire du jour de son départ et de celui de son retour. En cas de chômage, il devra présenter un certificat signé de ses camarades ou de son patron.

La caisse comprenait, en avril 1905, une centaine de membres environ. La caisse étant à ses débuts la Bourse estime qu'elle fonctionnera d'une façon pleinement satisfaisante pendant le prochain hiver 1905-1906 (1).

Le 9 février 1905, un rapport sur les opérations de la caisse de chômage a été présenté à la réunion générale des syndicats de Bourges. Nous croyons qu'il est intéressant de le reproduire ici en entier : (2)

----

(1) Renseignements communiqués par la Bourse du travail de Bourges.

(2) *Bulletin officiel de la Bourse du travail de Bourges*, n° 72, février 1905.

Voici ce rapport :

« Camarades,

« Une année entière nous sépare de la fondation
« de la caisse de chômage et bien peu de camarades
« ont compris les services que cette caisse était
« appelée à rendre, car en dépit des efforts faits par
« les camarades adhérents et la propagande faite, le
« nombre des adhésions ne s'élève qu'à un très petit
« nombre de membres actifs et 15 pour les membres
« honoraires.

« Si l'on met en regard de ces chiffres le nombre de
« syndiqués susceptibles de chômage, on ne peut
« faire autrement que d'être étonné, car sur les
« 3.500 syndiqués que nous sommes à la Bourse,
« 1.800 à 2.000 ont à redouter la perte de temps.

« En conséquence je profite de la réunion de ce
« soir pour faire appel aux camarades qui n'ont pas
« encore compris, qu'il était de leur devoir de se join-
« dre à nous, afin de venir grossir nos rangs, sinon
« comme membres actifs, au moins comme membres
« honoraires. D'ailleurs, les quelques chiffres qui
« suivent, seront plus éloquents que moi pour vous
« montrer ce qu'est la caisse de chômage actuelle et
« quelles sont les ressources dont elle dispose à la
« date du 7 janvier 1905.

31 adhésions....................   31 fr.   »
15 Membres honoraires..........   38 fr. 30
Souscriptions du jour de l'an.....   10 fr.   »
Levée du tronc 1904..............   7 fr. 05
Subvention Conseil général.......   250 fr.   »
Souscription 1904................   17 fr. 80
Cotisations ....   104 fr.   »
                Total................. 458 fr. 15
        Dépenses diverses ....   38 fr. 75
        Reste en caisse .... 419 fr. 40

« Depuis le 8 janvier jusqu'à aujourd'hui, les in-
« demnités délivrées aux camarades chômeurs se
« sont élevées à 51 francs et plusieurs camarades ont
« droit maintenant à l'indemnité.

« Reste donc en caisse à la date du 9 février 1905,
« la somme de 368 fr. 40.

« Allons, camarades, un bon mouvement et venez
« parmi nous, nous aider à combattre le chômage
« en attendant que par d'autres moyens on en arrive
« à la suppression totale. »

« Le rapport de la caisse de chômage, mis aux voix,
est adopté sans observations. »

11. *La caisse de secours fondée à la Bourse du
Travail de Vierzon*, en 1903, entre les ouvriers de
toutes les professions de Vierzon-ville, Vierzon-vil-
lages et Vierzon-Bourgneuf a adopté des statuts analogues à ceux de Bourges. Elle n'admet à bénéficier

de l'indemnité de chômage que les ouvriers involontairement sans travail. Le secours ne sera accordé qu'après six jours de chômage et à dater du premier jour.

L'indemnité est fixée à 1 franc par jour, et à 0 fr. 50 pendant le deuxième mois, avec maximum de 45 fr. La moitié de l'indemnité totale sera versée à titre de secours de route au chômeur qui voudrait quitter la ville.

La cotisation est fixée à 0 fr. 25 par mois.

La municipalité a, dès l'annonce de la création de cette œuvre, accordé une subvention annuelle de 200 francs pour favoriser son développement. Nous avons dit, d'autre part, que 175 francs lui étaient versés par le Conseil général du Cher.

M. le Maire de Vierzon, de qui nous tenons nos informations, nous écrit : « Je suis convaincu que cette caisse, dont l'utilité est incontestable, peut parfaitement prospérer ».

A défaut de résultats et de chiffres précis, nous nous en tiendrons à cette appréciation.

III. *La caisse de chômage de Mehun-sur-Yèvre*, emprunte une forme encore plus caractéristique. Elle est fondée entre tous les syndicats adhérents à la Bourse du Travail. La caisse semble traiter directement avec tous les syndicats, comme il en résulte des articles 3 et 5 des statuts.

Art. 3. — *Tout syndicat* adhérent à la Bourse du

Travail aura à verser, comme cotisation à la caisse de chômage, la somme de 0 fr. 10 par membre et par mois, plus un droit d'admission de 0 fr. 25 pour chaque membre.

Art. 5. — Les syndicats n'étant pas en règle avec la Bourse du Travail, c'est-à-dire qui n'auraient pas versé les cotisations du trimestre écoulé, ne pourront toucher les secours de chômage pour leurs adhérents

Le contrôle du chômage appartient, le plus exclusivement, aux syndicats devant lesquels les chômeurs devront se présenter pour justifier qu'ils sont bien dans les conditions requises pour toucher une indemnité. Cette indemnité est fixée à 1 franc pendant le premier mois, après 8 jours sans travail, lesquels ne seront indemnisés qu'au début du deuxième mois de chômage. L'allocation du deuxième mois est fixée à 0 fr. 50. Le maximum du secours est fixé à 45 francs par an.

La Bourse du Travail de Mehun comprend cinq syndicats, se composant de 80 à 100 membres chacun en moyenne, lesquels sont tous inscrits à la caisse de chômage.

Le 6 mars 1905, M. le Maire de Mehun-sur-Yèvre nous écrivait qu'aucune indemnité de chômage n'avait été versée jusqu'à cette date.

Nous avons dit que le Conseil général du Cher versait à cette œuvre, depuis 1904, une subvention de 75 francs.

CHAPITRE III

Projets de subventions de la ville de Paris aux Caisses de chômage.

Notre étude sur l'intervention communale et départementale en faveur des caisses de chômage sera terminée lorsque nous aurons examiné deux propositions déposées en 1902-1903 et 1904 sur le bureau du Conseil municipal de Paris. La première, 1902-1903, émane de M. Bussat ; la deuxième, en 1904, de M. André Lefèvre.

M. Bussat, dans la séance du 16 juillet 1902, après avoir exposé le système de subvention appliqué à Gand, soumet au Conseil le projet de délibération suivant :

« L'administration est invitée à étudier l'organisation et le fonctionnement d'une caisse destinée à aider d'une façon permanente les ouvriers, syndiqués ou non, victimes du chômage ».

Après discussion, le Conseil municipal jugea bon de renvoyer cette proposition à la commission des bureaux de placement.

Le 14 décembre 1903, M. Bussat présenta sa proposition sous une forme plus précise et, d'autre part, un rapport de l'administration avait été distribué au Conseil sur ce sujet.

M. Bussat s'applique à le réfuter.

M. le Préfet de la Seine concluait :

1° Qu'il résultait des renseignements recueillis que les efforts déjà tentés pour créer des caisses de chômage municipales devaient être considérés beaucoup plus comme des essais que comme des organisations définitives ;

2° La création de ces caisses aurait pour conséquence de retenir artificiellement dans un endroit, des travailleurs qui pourraient trouver ailleurs du travail, et peut-être même d'y attirer, pendant des périodes, l'activité industrielle des travailleurs qui, ultérieurement, resteraient à la charge de la commune;

3° Enfin l'administration estime à 30,000 en moyenne le nombre des chômeurs à Paris. Quelque minime que soit la somme allouée à chacun d'eux, on voit à quelle dépense considérable on aboutirait dans une année. De plus, les subsides spéciaux étant distribués par la ville, chaque fois qu'une circonstance spéciale obligeait les ouvriers à chômer, une somme de 340,000 francs étant en outre affectée aux secours de loyers et aux bons de logement, secours dont les chômeurs profitaient pour une bonne part. Le Préfet concluait qu'il y avait lieu « d'attendre que l'Etat d'une part, de l'autre les syndicats qui paraissent être particulièrement qualifiés pour s'occuper des chômeurs, aient résolu de tenter quelque effort ».

M. Bussat discuta ces conclusions, et nous avouons qu'elles nous paraissent discutables. M. le Préfet de la Seine, s'attache moins au devoir de relèvement social que sont chargées d'effectuer les caisses de chômage qu'au brutal devoir d'assistance publique aux miséreux, seul système qu'il semble concevoir et redouter. Enfin l'argument financier lui-même de M. le Préfet peut être rétorqué et M. Bussat le fit fort bien du reste à la tribune :

« La municipalité distribue 340.000 fr. de secours de loyer, ce chiffre s'accroît d'une bonne partie des secours du bureau de bienfaisance et des allocations exceptionnelles en cas de sinistre. Mais si les chômeurs ont une part de ces sommes, quelle part touchent-ils ? La municipalité n'en sait rien et de plus, ces ressources sont détournées de leur but ».

Ajoutons ensuite nous-même un argument que M. Bussat n'a pas produit. Le chômeur n'est pas un miséreux. Il traverse une crise pénible. Le but de la société, le but de la ville de Paris doit être justement de l'écarter de la grande armée de la misère qui est si souvent l'armée de la paresse. Ecarter le chômeur de l'assistance publique est un devoir primordial, c'est conserver sa fierté, son énergie, sa personnalité, c'est garder à notre industrie un travailleur utile au lieu d'un révolté paresseux.

M. Bussat ne produisit pas cette idée au Conseil municipal, mais se basant sur les vœux émis par le Conseil supérieur du travail, il proposa à ses collègues le projet de délibération suivant :

« Le Conseil,

« Considérant que la création de caisses de chômage constitue un élément puissant d'amélioration du sort des travailleurs ; considérant que les grandes villes de France et de l'étranger ont nettement manifesté leur sentiment à cet égard ;

« Vu les vœux émis notamment par le Conseil supérieur du travail de France en novembre 1903,

« Délibère :

« L'administration est invitée à étudier, à nouveau, un projet de création d'une caisse de chômage municipale, ou les moyens pratiques de venir en aide aux caisses de chômage privées. »

Le 29 novembre 1904, M. Bussat se présentait de nouveau à la tribune, l'administration étudiant toujours et sans résultat, les moyens pratiques de venir en aide aux caisses de chômage privées.

« A deux reprises, dit-il, le Conseil m'a donné raison en demandant à l'Administration d'étudier un projet de caisse de chômage. L'Administration n'a pas encore donné satisfaction ; aussi est-ce un motif qui me fait revenir une fois de plus pour réclamer cette création ».

Et M. Bussat rappelle ses deux interventions et ses propositions, dont la seconde, très nette, se prononce en faveur d'un système de subvention communale aux caisses privées.

Il lit un rapport du directeur des affaires communales faisant toutes les réserves possibles, rappelant ses conclusions de l'année précédente et conseillant la plus grande prudence au Conseil. Mais de projet, point.

Après avoir de nouveau exposé les exemples étrangers et les tentatives faites, M. Bussat propose la délibération suivante :

« 1° Un crédit de 100.000 francs sera inscrit au budget de 1905, pour aider exclusivement à la création d'une caisse de chômage.

« 2° Une commission de dix membres, soit trois fonctionnaires désignés par M. le Préfet de la Seine et sept conseillers municipaux, est chargée d'étudier et de présenter au Conseil, dans le plus bref délai, un projet de caisse de chômage organisé sur le modèle du Fonds de chômage Gantois ».

La deuxième partie de la proposition est adoptée, et le renvoi est prononcé sans opposition à la commission du budget.

De son côté, le 7 novembre 1904, M. Lefèvre, dans le but de compléter l'expérience que l'État lui-même se propose de tenter, sollicitait du Conseil municipal, l'inscription au budget de 1905 d'un crédit provisionnel de 25.000 francs.

M. Lefèvre précisait à la tribune le but de sa proposition.

« Qu'on entende bien qu'il ne s'agit pas, vu cette faible somme, de supprimer le chômage dans Paris. Il faudrait pour cela d'autres ressources et d'autres moyens. S'il m'était permis de formuler ici une opinion personnelle, je dirais que seule l'assurance obligatoire avec participation des ouvriers, des patrons et des pouvoirs publics, est capable de les fournir.

« Il ne faudrait donc point que cette proposition fît naître des espoirs exagérés.

« Il s'agit uniquement de venir en aide aux groupements qui fournissent déjà un effort et de recueillir, en ce faisant, des documents qui permettront plus tard de modifier, d'étendre ou de généraliser le système, après expérience faite. Il y a lieu, en effet, de penser que Paris présentera comme toujours des conditions particulières, et que l'expérience générale à laquelle va procéder l'État ne serait peut-être pas suffisante en ce qui nous concerne.

« Vous aurez à dire, Messieurs, si vous entendez attendre le règlement d'administration publique ou en élaborer un vous-mêmes. Pour le moment je me borne à vous demander de renvoyer au comité du budget et du contrôle la proposition suivante :

« Le Conseil,

« Délibère :

« Un crédit provisionnel de 26.000 francs pour « subvention aux caisses de chômage sera inscrit « en réserve spéciale au budget de 1905. Ce cré- « dit ne pourra être employé qu'après délibération « du Conseil municipal. »

Les choses en sont là.

Nous avons terminé avec cet aperçu les projets de la Ville de Paris, l'étude trop sommaire hélas, mais difficultueuse, tant les documents font défaut, des caisses syndicales subventionnées par les communes ou les départements. Nous allons aborder maintenant l'examen des différentes propositions déposées sur le bureau des Chambres françaises et tendant à provoquer l'intervention de l'Etat. Mais disons-le tout de suite, nous voyons, à notre avis, l'intervention de l'Etat directement par une caisse obligatoire comme inutile et nuisible. Nous ne concevons l'intervention en matière d'assurance chômage que par l'intermédiaire du syndicat professionnel.

Et quel que soit celui qui donnera un appui sérieux au syndicat, lui permettant de constituer les réserves capables d'inspirer confiance aux ouvriers, d'adopter un taux réellement invariable d'indemnité, que ce soit la commune, le département ou l'Etat, l'intervention éclairée sera salutaire, ce sera un pas en avant dans la solution du problème si complexe des secours aux sans travail.

Oserait-on demander à une personne sensée de verser des primes d'assurances à des Compagnies ne présentant ou ne paraissant présenter aucune garantie. Or, la grande majorité des caisses syndicales ne peuvent pas offrir une sérieuse solvabilité. L'ouvrier économe les déserte pour ne pas perdre son épargne. Le dépensier et l'alcoolique s'empressent de trouver une raison pour les fuir, restent les trop peu nombreux qui doutent ou qui ne croient pas à l'efficacité d'une épargne individuelle de 0 fr. 50 par mois.

L'intervention s'impose donc.

Etudions sa marche, ses progrès, jusqu'à la halte temporaire qu'elle vient d'atteindre avec la loi de finance de 1905.

LIVRE V

CHAPITRE PREMIER

L'intervention de l'Etat en matière de chômage.
Comment on peut la concevoir.
Examen des principales propositions parlementaires.

CHAPITRE II

Le Conseil supérieur du Travail et le Chômage.

CHAPITRE III

La proposition de loi Millerand.
Comment on pourrait répartir les crédits.
Conclusion.

CHAPITRE PREMIER

**I. L'intervention de l'Etat en matière de chômage.
Comment on peut la concevoir.
II. Examen des principales propositions parlementaires.**

Nous ne sommes pas étatiste et maintes fois au courant de cette étude nous avons exprimé des doutes sur l'efficacité, et même sur le bien fondé de l'intervention. Nous ne saurions non plus partager la thèse soutenue par M. Heurteau au Conseil supérieur du Travail : celle qui consiste à laisser à la seule initiative privée le soin d'organiser l'assurance-chômage. Il nous semble résulter suffisamment de tout ce qui a été écrit dans cet ouvrage que les syndicats français, à quelques exceptions près, n'ont pas pleinement réussi dans leurs tentatives de prévoyance.

M. Heurteau se base sur l'exemple des syndicats anglais, pour justifier sa conception individualiste, *mais qu'il nous soit permis de croire que dans un laps de temps égal, c'est-à-dire 50 ans encore, nos caisses de chômage syndicales fourniront des résultats aussi satisfaisants que les caisses anglaises.* Nous espérons avoir montré qu'en France, la prévoyance chômage n'était pas effective, sauf dans quelques groupes industriels. Nous avons retenu et examiné les efforts de ces quelques groupes, qui ne laissent pas de nous donner des résultats appréciables.

En Angleterre, en effet, nous avons affaire à des caisses de chômage formées depuis de longues années, qui ne fonctionnent guère (si nous en croyons les documents officiels) que dans un ensemble restreint de professions (1). Elles fonctionnent, de plus, dans des syndicats dont le personnel est très important : ils groupent des adhérents par dizaines de mille.

Donc, étant donnée notre prévention contre l'étatisme, nous serions porté à partager l'idée de M. Heurtéau, qui consiste à laisser libre l'action individuelle.

Mais n'avons-nous pas aussi souvent répété, au courant de cette étude, que nos syndicats étaient trop peu nombreux pour posséder de sérieuses caisses de chômage ? N'avons-nous pas dit que nos caisses de chômage n'étaient pas suffisamment solides pour recruter de nombreux adhérents. Leurs indemnités ne sont pas certaines ni assez considérables pour

____

(1) *Les caisses de chômage*, pages 129-130.

justifier des versements de la part de ceux pour lesquels tout sacrifice pécuniaire est une cause de gêne.

Et c'est pour cette raison que nous sommes partisan de l'intervention de l'État, partisan de cette intervention qui obligera le recrutement des caisses de chômage en rendant réellement effectifs les services qu'elles pourront rendre. Nous concevons l'intervention de l'État, de la commune et du département, pour consolider les œuvres trop fragiles de nos syndicats, pour leur permettre *d'assurer* en toute certitude le risque du chômage, pour les obliger à constituer des réserves et à baser leurs indemnités non sur les ressources disponibles, produits de cotisations ou de subventions, mais sur un calcul presque mathématique que la statistique de chômage, facilitée désormais par la distribution de secours aux chômeurs, rendra sinon certaine du moins très possible.

Car nous concevons ainsi le rôle de la collectivité : État, département ou commune : rôle qui se borne à encourager les tentatives utiles. Quelqu'un est-il capable de penser que les caisses de chômage ne sont pas des œuvres indispensables ?

Et si nous allons sans cesse répétant que les caisses de chômage ne sont pas strictement certaines de leur action, c'est que nous voulons que cette même action, toujours limitée par des ressources trop restreintes, devienne systématique, certaine, inévitable. Aux calculs approximatifs qui président à la confection des règlements syndicaux, doivent être subtituées des données fournies par des actuaires. Nous ne voudrions plus entendre parler de caisses de prévoyance en vue du chômage, de caisses de mutuels secours, mais d'institutions *d'assurances* contre le chômage.

Et qui donc soutiendra que le monde ouvrier ne peut pas réaliser pour le chômage ce qu'il est parvenu à instituer, dans les sociétés de secours mutuels, pour les risques de maladies, les indemnités de décès, les pensions de retraites ?

C'est donc sa tutelle pour guider les syndicats dans la voie de *l'assurance chômage*, et l'appoint de ses deniers pour suppléer à l'insuffisance momentanée des ressources que nous demandons à l'Etat.

Les caisses syndicales, a-t-on dit, ne peuvent pas s'étendre à tous les ouvriers. Le grand nombre des travailleurs fuie les syndicats, ou les redoute. Certaines professions mêmes, dont les représentants sont disséminés dans tous les bourgs de France, ne réussiront pas à former des caisses de chômage professionnelles.

Est-il besoin, dirons-nous, que les caisses soient multipliées à l'infini ; des caisses fédérales peuvent être fondées, répandant sur la France entière leur influence, recrutant des adhérents sur tout le pays et par un nombre restreint de succursales, assurant le service entrepris.

De plus, les caisses de chômage ont-elles nécessairement besoin d'être professionnelles ? Les caisses de secours mutuels ne le sont pas !

Donc, et pour nous résumer, il est inadmissible qu'à notre époque où tous les risques sont assurés, il en reste un très grave, qui porte sur une grande majorité du pays et qui échappe à l'assurance.

La statistique des chômeurs mal établie, la surveillance des sans travail et la détermination très délicate de la qualité de chômeur, ont fait échouer les sociétés capitalistes qui ont tenté cette assurance et écarté pour longtemps sans doute les spéculateurs de l'étude de ces problèmes.

Mais si la statistique du chômage devient plus réelle et plus exacte (l'assurance la rendra possible), si la surveillance est effective par les syndicats eux-mêmes, qui empêche l'État, le département ou la commune, d'entreprendre une œuvre d'une aussi incalculable portée?

Et si l'État, chaque jour, subventionne de grandes entreprises d'intérêt général (chemins de fer, canaux, voirie, assainissement), a-t-il le droit de dire que les caisses de chômage n'entrent pas dans cette catégorie ? Il nous est impossible de le croire.

Un pas a été fait avec la loi de finances de 1905, c'est la première étape de l'action de l'Etat ; quelques villes ont subventionné des caisses locales ; un département a fait de même, c'est ainsi une première étape dans la voie qui rendra l'assurance chômage possible, en supprimant peu à peu tout ce

que les institutions actuelles, plus ou moins charita-
bles, peuvent avoir d'humiliant pour celui qui est
secouru. L'ouvrier doit penser à acquérir des droits
à une indemnité de chômage, calculée par rapport
aux primes versées, et non à des *secours* plus ou
moins aléatoires qui lui permettent d'absorber parfois
l'épargne de ses confrères, qui, peut-être, ne trouveront plus rien dans la caisse de chômage si le travail
vient ultérieurement à leur faire défaut.

II. La proposition de loi présentée au Parlement
par M. Jouffray, en 1895, avait pour but d'acclimater en France le système obligatoire de Saint-Gall.
Les ouvriers étaient répartis en deux catégories suivant leurs occupations ; dans chaque catégorie, en
trois classes suivant leur salaire.

La première catégorie comprenait les ouvriers
d'usines, de magasins ou de fabriques pour lesquels
le chômage n'a pas un caractère périodique annuel.

La seconde catégorie était réservée aux ouvriers
terrassiers, à ceux du bâtiment et de l'agriculture,
pour lesquels le chômage est surtout une conséquence des saisons et de la nature même du métier
exercé.

La caisse eut été alimentée par les primes, les subventions de la commune, du département ou de
l'Etat.

Les primes à verser chaque semaine étaient déterminées comme suit :

Première catégorie.

1re classe, salaire maximum...	2 fr. 50...	0 fr. 15
2e classe, — —	4 fr. »...	0 fr. 25
3e classe, — supérieur à..	4 fr. »...	0 fr. 35

Deuxième catégorie.

1re classe, salaire maximum...	2 fr. 50...	0 fr. 20
2e classe, — —	4 fr. »...	0 fr. 30
3e classe, — supérieur à..	4 fr. »...	0 fr. 40

Les femmes étaient astreintes au même titre que les hommes au paiement des primes.

L'originalité de ce système consistait à faire participer les patrons aux cotisations. La part contributive de ces derniers ne pouvait pas être inférieure à 0 fr. 10 pour ceux qui occupaient des ouvriers de la première catégorie, et à 0 fr. 15 pour ceux de la seconde catégorie. Elle n'était point due pour les ouvriers dont le travail ne dépassait pas une semaine.

L'indemnité versée aux ouvriers était variable, ne pouvant être inférieure à 1 franc et supérieure à 2 fr. 50 par jour.

C'est l'assurance obligatoire Saint-Galloise dans toute sa beauté, avec quelques modifications peu heureuses, à notre avis, dans le taux de la prime à verser. Comment obtenir de journaliers à bas salaire des contributions variables entre 0 fr. 80 et 1 fr. 60 par mois ? La part des patrons elle-même ne sera-t-elle pas en effet retenue sur le prix du travail qui se trouvera par là même réduit d'autant. Malgré cette apparence trompeuse, nous voulons croire que les ouvriers seraient seuls à constituer leurs versements, soit directement sur leur salaire, soit indirectement par une retenue du patron.

De plus, nous ne croyons pas à la viabilité du système de Saint-Gall, même en l'étendant à la France tout entière.

Bien autrement intéressante nous a paru la proposition de M. Jules Coutant, déposée sur le bureau de la Chambre des Députés le 17 janvier 1899 (1). Elle fut renvoyée à la commission de législation fiscale. Mais elle nous semble procéder d'une conception qui, pleinement exacte à notre avis, pourrait fournir une solution absolument juste à la question du chômage.

« *Le chômage étant sans cesse grandissant,* soutient M. Jules Coutant, *plus la machine grandit ; il est juste d'imposer la machine au profit du chômeur* ».

L'impôt sur les patentes ne frappe du reste pas la machine motrice. En 1899, au moment du dépôt de la proposition, la force motrice employée dans nos industries pouvait être évaluée à 12.780.760 chevaux-vapeur.

« Mais en régime capitaliste, ajoute l'honorable député, ce développement prodigieux du machinisme

____

(1) N° 458.

a cet effet saisissant que, de plus en plus, la puissance économique a un nombre plus restreint de producteurs, qu'il devient de plus en plus impossible au simple salarié, à celui qui, à l'aide de ses bras, a créé et construit toutes ces machines-outils mues par la force motrice, d'arriver à l'autonomie, à l'indépendance, à la propriété : il ne lui reste que le chômage ».

Pour affranchir l'ouvrier de ce mal qu'on lui laisse, M. Jules Coutant propose :

« Art. 1er. — La force motrice (machine à vapeur, machine hydraulique, machines à gaz et à pétrole)(1) employée dans les Compagnies de chemins de fer, de tramways, de navigation, entreprises de mines et dans toutes les industries du commerce est imposée d'une taxe de 5 francs par cheval-vapeur ».

Telle est la ressource créée, mais nous ne partageons pas l'avis de l'auteur de la proposition en ce qui concerne son emploi.

« Art. 3. — Le produit de l'impôt est affecté à la création d'une caisse nationale de chômage jusqu'à concurrence de ses besoins » (2).

Voici maintenant quelques détails sur le fonctionnement de cette caisse, qui est une institution d'assistance publique pure. L'ouvrier ne verse aucune cotisation.

(1) Les moteurs électriques semblent omis dans l'énumération, mais compris dans la dénomination force motrice.

(2) L'excédent serait versé à la Caisse Nationale des Retraites pour la Vieillesse.

« Art. 3. — Les travailleurs des deux sexes, âgés de plus de 18 ans et de moins de 60, ne possédant pas un revenu annuel supérieur à 365 francs, pourront toucher une indemnité de chômage s'ils ne tombent pas sous l'application des articles 15, 18, § 2, et 22, § 2 (art. 15, renvoi pour inconduite et abandon volontaire du travail ; art. 18, § 2, refus de travail, et art. 22, § 2, cas où le livret de chômage n'est pas en règle). »

L'article 3 stipule que l'indemnité de chômage sera due à dater du premier jour de la deuxième semaine après la cessation du travail.

« Art. 7. — Veufs et célibataires toucheront une indemnité pendant 40 jours, les ouvriers mariés pendant 60 jours. Elle ne pourra pas être inférieure à 1 fr. et supérieure à 4 fr. »

L'article 7 contient un barème dont les chiffres varient dans ces limites. Le maximum de 4 francs est atteint par l'ouvrier ayant plus de 4 enfants de moins de 18 ans.

. . . .

Donnons quelques détails sur l'administration projetée de la caisse et sur le contrôle des chômeurs.

« Art. 19. — Il est constitué dans chaque commune une commission dite de chômage... composée de patrons, de membres du Conseil municipal et d'ouvriers.

« Art. 20. — Les commissions instituées par l'article qui précède sont chargées de recevoir les demandes de secours, de faire les enquêtes utiles et d'assurer le bon fonctionnement de l'institution de prévoyance sociale faisant l'objet de la présente loi.

. . . .

« Art. 22. — Les maires devront déliver à leurs administrés, âgés de plus de 18 ans, un livret dit de chômage, sur lequel seront inscrites les journées de chômage du titulaire sans travail, et celui-ci devra se présenter, tous les trois jours, à la mairie, pour y faire constater son chômage. »

Telle est la proposition de M. Jules Coutant. Nous dirons, quant à nous, que la ressource dont il propose la création nous semble fondée sur des bases très équitables, mais nous ne saurions nous rallier à l'idée d'une caisse nationale, dont la gestion serait confiée exclusivement aux administrations municipales.

M. Colliard et quelques-uns de ses collègues déposaient, en novembre 1903, une nouvelle proposition de loi tendant à la création, au ministère du Commerce, d'une caisse nationale de chômage (1).

« Le système, d'après les auteurs de la proposition, qui paraît devoir répartir équitablement les charges est celui de la quadruple obligation : de l'État, de la commune, du patron et de l'intéressé.

« L'indemnité à accorder aux chômeurs pourrait être, d'après nos prévisions, de 2 francs par jour au

____
(1) N° 1271.

maximum pendant trois mois par an, sans que toutefois le secours puisse dépasser la 1/2 du salaire de la profession.

« Art. 1er. — Il est institué au ministère du Commerce une caisse nationale de chômage.

« Art. 11. — La caisse de chômage sera pourvue à l'aide de contributions fournies par l'État, les communes, les patrons et les ouvriers, dans la proportion suivante :

> 0 fr. 25 par mois par l'ouvrier
> 0 fr. 25   —   le patron
> 0 fr. 10   —   la commune
> 0 fr. 40   —   l'État

« Art. 13. — Les sommes allouées aux chômeurs sont fixées au maximum de 2 francs par jour, sans pouvoir dépasser la 1/2 du salaire courant de la profession. Chaque chômeur ne pourra être secouru que trois mois par an. »

Nous nous trouvons de nouveau en face d'un projet de caisse nationale de chômage moins précis que le précédent et grevant lourdement le budget de l'État, sans qu'il soit permis, *a priori*, de déterminer cette charge. Ce qui nous semble particulièrement dangereux pour l'État dans ce projet, c'est justement que cette contribution n'est pas limitée et que dans les périodes de crise, où le rendement des impôts est toujours inférieur, l'État, la commune elle-même, devront faire des sacrifices d'autant plus élevés que la crise sera plus forte et qu'ils en seront eux-mêmes plus frappés dans leurs propres ressources.

C'est du reste cette détermination dans la prestation de l'État qui différencie les deux propositions des 17 et 20 mai 1904 (1).

La première en date, celle de MM. Chaumet, Dormois, Siegfried, fixe la subvention de l'État à 25 °/₀ des cotisations versées aux syndicats par leurs adhérents ; la seconde demandait l'inscription, sans établir les modes de répartition, d'une somme de 100.000 francs au budget de 1904, dans le même but.

Examinons l'une après l'autre ces deux propositions et les exposés de leurs motifs. Elles paraissent toutes deux avoir été inspirées par les vœux émis au Conseil supérieur du travail dans sa 12ᵉ session (novembre 1903).

MM. *Chaumet, Dormoy, Siegfried*, repoussant le principe de l'assurance nationale obligatoire, demandent « le concours de l'État » pour encourager les initiatives privées, en leur laissant d'ailleurs toute liberté d'action, qui ont créé des œuvres fécondes mais encore insuffisantes pour remédier aux conséquences désastreuses du chômage.

« Nous demandons au Parlement, est-il dit, de donner l'exemple, assurés qu'il sera bientôt suivi par toutes les municipalités et par tous les Conseils généraux qu'anime un sincère amour de la démocratie ;

(1) Nᵒ 1.690 et 1.698.

nous avons même le ferme espoir que les patrons, isolés ou groupés en syndicats, tiendront à honneur d'apporter aux caisses de chômage une contribution d'autant plus précieuse qu'elle sera volontaire.

« Quant à l'effort de l'Etat, nous pensons, ajoutent les auteurs de la proposition, que l'Etat doit proportionner ses subsides aux efforts des travailleurs eux-mêmes. N'est-ce pas le plus-sûr moyen de provoquer les efforts, d'encourager les initiatives, que d'appliquer rigoureusement le principe : aide-toi, le ciel t'aidera ! »

Les subsides seraient calculés à raison de 25 $^o/^o$ des cotisations versées par les adhérents aux syndicats professionnels, en émettant l'espoir que les communes et les départements pourraient facilement égaler ces encouragements et majorer de 50 $^o/_o$ les sommes versées par les travailleurs.

M. Chaumet et ses collègues estimaient, de ce chef, la dépense à inscrire au budget à 30.000 francs environ.

« Sans doute, cette proposition a pour but et aura, nous l'espérons, pour effet d'accroître nos charges financières, en favorisant, dans de notables proportions, l'extension des caisses de chômage. Mais il est malheureusement à prévoir que ces charges ne seront pas de longtemps très sensibles pour notre budget. Si d'ailleurs elles le devenaient bientôt, nous ne pourrions que nous en réjouir, ce serait la preuve que les travailleurs comprennent, en grand nombre, les bienfaits de l'assistance contre le chômage. Puis les sommes inscrites pour subventionner leurs caisses d'assurance seraient largement compensées par des économies correspondantes dans le budget de l'Assistance publique ».

L'exposé des motifs de la proposition de *MM. F. Dubief et Millerand* justifie l'intervention de l'Etat par ce fait que la collectivité profitant des progrès réalisés par les inventions nouvelles, « c'est une obligation pour elle de pourvoir momentanément, et dans une mesure déterminée, aux besoins des ouvriers privés tout à coup de leur travail ».

« Telle est la raison théorique à laquelle vient s'adjoindre une raison politique. L'Etat a en outre des raisons pratiques d'intervenir en faveur des chômeurs, car les grands centres de chômage étant naturellement des grands centres de misère et d'agitation, c'est l'intérêt bien entendu de la société de ne pas laisser empirer sur un ou plusieurs points du pays un état de chômage et de misère. »

Basant leur action d'une part sur le principe du fonds gantois, et d'autre part, quant à l'évaluation des subsides, sur le savant rapport de M. Fagnot, dont il a été tant de fois parlé ici, les auteurs de la proposition estiment les ressources suffisantes à 100,000 francs.

La répartition en serait faite, chaque année, d'après les données adoptées par le Conseil supérieur du travail. Un seul point restant acquis : les subventions seront proportionnelles aux efforts des ouvriers et leur répartition aura lieu sur des bases établies à l'avance entre toutes les caisses y ayant droit.

Nous reviendrons sur ce sujet à propos du rapport présenté à la Chambre des Députés par M. Millerand au nom de la commission d'assurance et de prévoyance sociales chargée d'examiner les propositions de MM. Coutant, Colliard, Chaumet et Dubief. Il nous paraît utile de dégager maintenant les résultats des délibérations du Conseil supérieur (session de 1903) où tous les systèmes d'intervention en faveur du chômage furent brillamment soutenus. Le Conseil cependant crut bon d'écarter pour l'heure l'idée d'une caisse nationale de chômage et conclut à l'utilité de l'intervention des pouvoirs publics en faveur des groupements syndicaux organisés dans la mesure de leurs moyens pour soulager les sans travail.

CHAPITRE II

Le Conseil supérieur du Travail
et les caisses de chômage (12ᵉ session, novembre 1903).

Le Conseil supérieur du Travail a été amené à se prononcer dans le courant de sa 12ᵉ session, en novembre 1903, sur les moyens d'intervention des pouvoirs publics en faveur des caisses de chômage. La commission permanente du Conseil supérieur présentait, en même temps qu'un rapport sur les institutions de prévoyance chômage, le texte de sept vœux. Elle avait chargé un de ses membres, M. Touron, de défendre ses propositions au Conseil supérieur.

Résumant ses vœux, M. Touron exposa devant ses collègues les motifs qui avaient guidé la commission permanente dans la rédaction de ses vœux, réellement opposés à la création d'une caisse nationale de chômage ; mais, aussi, catégoriquement favorable à l'intervention de la commune (et non de l'État) pour encourager l'initiative syndicale.

« Il ressort de l'étude de ce travail (rapport présenté par M. Fagnot), dépouillé des tendances qui ont fait rejeter les conclusions premières par la commission, que les œuvres d'initiative privée ont produit des résultats appréciables et bienfaisants ; que dans le second groupe, on trouve l'exemple irréfutable de l'échec auquel est vouée toute organisation centrale de l'État, comportant l'obligation d'assurance pour les travailleurs ; que l'initiative privée stimulée par l'intervention des pouvoirs publics sous forme de subvention n'a produit d'heureux effets que grâce au respect du libre arbitre de chacun et à l'adoption d'un système se bornant à stimuler l'effort de l'individu ou de la collectivité. »

L'assurance obligatoire fut brillamment défendue par M. Jay qui, se montrant disposé à accepter le principe de l'intervention de l'État, pour subventionner les œuvres privées, ne voyait dans cette conception qu'un palliatif.

« *Je suis d'une façon générale*, concluait l'éminent professeur, *tous les jours plus convaincu que l'assurance ouvrière sera obligatoire ou ne sera pas.* » Tout autre système en effet laisse de côté les plus intéressants parmi les chômeurs.

« L'idée de subvention, proclame M. Dalle, n'est qu'un palliatif, l'idée de subvention aux syndicats ne repose pas sur un principe juste. Combien de chômeurs ne pourront en bénéficier parce qu'ils ne sont pas membres des syndicats participant aux subsides de l'Etat. Il y a une quantité d'êtres humains, soutient M. Dalle, qui se trouvent dans des conditions matérielles et morales telles qu'ils ne peuvent entrer dans aucune espèce d'association. » La subvention n'aurait d'autre effet que celui de favoriser les groupements déjà vigoureux et les ouvriers déjà forts, laissant « dans l'oubli, dans la misère, tous ceux qui dans leur état permanent de détresse n'ont pas les moyens de pouvoir former une association. »

« Mais il est utile d'encourager ceux qui, au lieu de céder à une tendance regrettable qui entraîne tant de leurs camarades, réplique M. Chaumet, au lieu d'attendre tout de l'Etat font spontanément un sacrifice que nous sommes en droit de leur réclamer. »

M. Martin soutient, quant à lui, que « si l'ouvrier touchait le prix intégral de son travail, c'est-à-dire la valeur de son labeur, il n'aurait rien à réclamer et il n'aurait que faire de vos caisses de chômage..., on ne compterait plus comme dans la société actuelle des millionnaires par centaines et des affamés par millions ».

Il est de toute évidence que c'est un aspect de la question, mais il nous semble que la poser ainsi serait la rendre encore plus complexe, sinon plus insoluble. Il faudrait des réformes extrêmes et radicales.

Après avoir examiné l'influence du temps du travail et l'efficacité de toute demande de concours des patrons à la caisse de chômage pendant toute une séance, la discussion semble reprendre avec la troisième séance une physionomie plus précise. Si M. Bourderon se déclare partisan d'une caisse nationale, à cause de la situation précaire de beaucoup de travailleurs agricoles, nous tenons à faire une place spéciale à l'exposé de M. Keufer, secrétaire général de la Fédération du Livre. Fermement persuadé que la réduction de la journée apportera un remède efficace au chômage actuel, dont la principale cause est le mouvement irrégulier de l'industrie, M. Keufer émet des doutes sérieux sur la possibilité de la création d'une caisse nationale de chômage. « Je crains, dit-il, que par sa complexité et les charges financières qu'il imposera, ce projet ne soit de longtemps réalisable ; et cela pour deux raisons ; la première est que la loi de 1898, sur les accidents du travail, a demandé aux ouvriers et aux patrons de réels sacrifices ; la proposition d'une caisse générale de chômage viendrait en imposer d'autres : ce serait peut-être excessif et, de plus, je considère, dit M. Keufer, que de la part de l'Etat il y aura lieu de supporter la dépense d'une pareille création.

« Il y a autre chose à faire qui est immédiatement réalisable : c'est de demander à l'État, aux départements et aux communes, leur appui pécuniaire pour assurer le développement des caisses de chômage, issues de l'initiative individuelle. Il sera bon de demander à l'État surtout de favoriser les caisses fédérales, les seules qui puissent réellement effectuer sur tout le pays, avec des garanties suffisantes de contrôle, des opérations sérieuses d'assurance contre le chômage. Aux caisses locales s'appliqueront les subventions locales des départements et des communes. »

Adoptant comme M. Keufer le principe des subventions d'État pour les caisses d'intérêt général et celui des subsides départementaux ou communaux aux caisses locales, M. Fontaine, Directeur du Travail, apporte au Conseil supérieur les conclusions suivantes, après lesquelles on passe à l'examen des projets de vœux.

« Voici donc au moins deux cas très nets : la subvention de l'État se justifie pour venir en aide aux chômeurs en voyage ; elle se justifie également lorsque le chômage se prolonge dans une région. Je conçois d'ailleurs ainsi le concours de l'État, lié comme celui de la commune à des éléments comptables, à des règles générales susceptibles d'assurer une répartition équitable, exempte d'arbitraire et de favoritisme.

« Une autre question a été posée, c'est la question de la création d'une caisse nationale d'assurance. Je crois que personne ne conçoit sous ce titre, une caisse d'État unique, centralisée, sans lien avec les mutuelles locales ; aussi dans cette création d'une caisse nationale d'assurance, je n'aperçois aujourd'hui qu'une idée nette et intéressante, c'est l'idée d'obligation : obligation d'adhérer à une caisse de chômage. Je n'ai pas besoin de dire que je ne suis pas opposé au principe de l'obligation ; mais, en cette matière, aucune expérience concluante n'a été faite. Très probablement, les caisses autonomes que nous voulons encourager, ne se généraliseront pas par le simple jeu de l'initiative privée et la question se posera de savoir comment les généraliser, en assurer le bénéfice à tous les intéressés ; c'est alors qu'on examinera la question de l'obligation. Il ne me paraît pas nécessaire de traiter par avance cette question ; il faut laisser faire l'expérience des caisses libres et dégager par cette expérience les conditions pratiques d'organisation de fonctionnement des caisses de chômage, les conditions pratiques du concours et du contrôle des communes et de l'État. Actuellement, je serais pour ma part très embarrassé de donner des arguments en faveur de l'institution, et encore plus embarrassé pour dresser les grandes lignes de l'organisation centrale qu'il y aura peut-être lieu d'établir un jour.

« J'estime que le Conseil supérieur du travail fera une œuvre provisoire il est vrai, mais très utile, une œuvre de solidarité indispensable, en adoptant, après sa commission permanente, le principe des subventions à allouer aux caisses locales. Allant plus loin, j'espère qu'un grand nombre de nos collègues et même la presque totalité trouveront recommandable le principe de la subvention de l'Etat.

« Je demande au Conseil supérieur d'adopter le système des subventions locales et des subventions de l'Etat et de ne pas émettre le vœu que la question de la création d'une caisse nationale obligatoire soit abordée au cours de cette session. »

Voici le texte des vœux adoptés par le Conseil supérieur à la suite de cette discussion d'une ampleur toute spéciale. Elle tire de plus sa valeur de ce fait que tous les éléments de nos problèmes ouvriers y sont représentés et toutes les thèses défendues par des orateurs, dont les uns ont l'expérience, je dirai plus, la pratique de ces questions, comme M. Keufer et d'autres, comme MM. Jay et Fontaine, la connaissance approfondie au point de vue théorique et économique des efforts qui peuvent être tentés par la collectivité et des résultats qu'ils sont susceptibles de produire.

Vœux adoptés par le Conseil supérieur du travail.

I. Le Conseil supérieur du travail est d'avis que la création et le développement d'institutions de secours contre le chômage sont désirables à tous égards et doivent être facilités.

II. Le Conseil supérieur du travail émet le vœu que les caisses locales de secours contre le chômage soient subventionnées par les municipalités ;

Que les subventions accordées soient réparties entre toutes les caisses de chômage existant dans la

localité et satisfaisant à certaines conditions générales ;

Que pour chacune de ces caisses, la part de subvention normale annuelle soit inférieure aux cotisations des membres participants.

III. Le Conseil supérieur émet le vœu que les caisses locales reçoivent aussi des subventions des corps
constitués, tels que : Conseils généraux, Chambres de
commerce, syndicats patronaux, de même que les
caisses d'épargne et institutions de prévoyance générale établies dans certaines villes.

IV. Le Conseil supérieur estime qu'il est du devoir
du patronnat d'apporter son concours aux caisses de
chômage.

V. En ce qui concerne les subventions de l'Etat,
le Conseil supérieur estime qu'il y a lieu de recon-
naitre aux caisses de chômage syndicales ou autres
s'occupant de trouver des emplois aux chômeurs
involontaires et dont l'organisation se prête à un
contrôle efficace, la facilité de recevoir des indemnités de l'Etat destinées spécialement à concourir
aux frais de déplacement des chômeurs et ne dépassant pour chaque caisse 50 % des indemnités payées
au cours de l'année.

VI. Le Conseil supérieur est d'avis que l'Etat ou
le département subventionne les caisses ouvrières
non locales groupant les adhérents d'une région ou

de la France entière qui donnent les secours de chômage.

VII. D'une manière générale, le Conseil supérieur est d'avis que l'État doit intervenir dans la création et le développement des institutions de secours contre le chômage par des encouragements et des subventions.

VIII. Le Conseil supérieur du travail est d'avis que l'indemnité allouée aux chômeurs ne doit pas, dans l'ensemble, dépasser la 1/2 du salaire courant dans la profession ;

Qu'un maximum doit être fixé aux secours de chômage pouvant être alloués à un même ouvrier pendant un même exercice ;

Que la comptabilité des secours de chômage alloués pour manque de travail doit être distincte de la comptabilité de toutes autres dépenses de l'institution qui a créé la caisse.

IX. Le Conseil supérieur est d'avis qu'il y a lieu de mettre à l'étude un régime législatif spécial d'institutions d'assurance contre le chômage. »

Le régime législatif dont il est question dans le vœu n° 9 paraît destiné en effet à donner la personnalité morale aux fédérations de syndicats et aux associations dont le but essentiel serait d'assurer le chômage et qui ne rentrerait pas dans le cadre d'une organisation syndicale régie par la loi de 1884.

La même question des secours de chômage fut discutée à la Chambre des députés en novembre 1904 à propos d'une interpellation de M. Vaillant sur la question du chômage en France. La question posée par M. Vaillant est en dehors des limites de cet ouvrage. Mais nous examinons dans le prochain chapitre, en même temps que la proposition de loi et le rapport déposés au nom de la commission d'assurance et de prévoyance sociales, la discussion à laquelle donna lieu le système des subventions de l'Etat.

CHAPITRE III

I. La proposition de loi
présentée au nom de la Commission d'Assurance
et de Prévoyance sociales (21 octobre 1904).
II. Discussion à la Chambre des Députés
(30 novembre 1904).
III. Comment pourrait être réparti le crédit inscrit
au budget de 1905.
IV. Conclusion.

Reprenant dans son rapport, au nom de la commission d'assurance et de prévoyance sociales, sur les propositions de MM. Coutant, Colliard, Chaumet, Dubief, M. Millerand demandait, le 21 octobre 1904, à la Chambre des Députés, d'inscrire au budget de 1905 une somme de 100.000 francs destinée à être distribuée aux caisses de secours contre le chômage involontaire par manque de travail.

« Le chômage a des causes sociales. La société qui recueille pour la plus grande part le bénéfice des inventions nouvelles doit, de toute justice, en supporter pour une part au moins les charges (1). »

Telle était la thèse soutenue par l'honorable député au nom de ses collègues de la Commission avant d'aborder l'examen des remèdes légitimes et efficaces à apporter aux souffrances occasionnées par le chômage.

Laissant de côté les œuvres de bienfaisance privée, considérant comme un expédient les travaux de chômage, le rapporteur examine « les institutions, assez diverses de forme, qui toutes peuvent être rangées sous la dénomination de *caisses de chômage*. Leur but est de distribuer un secours en argent à l'ouvrier atteint par le chômage ».

Abordant alors l'examen des deux propositions Coutant et Colliard, et, loin de condamner sur les résultats de la tentative de Saint-Gall, les caisses nationales obligatoires, le rapporteur reconnaît que, théoriquement, les raisons les plus fortes ont été données en faveur des caisses nationales obligatoires, alimentées par la triple contribution des ouvriers, des patrons et de la collectivité (État, département ou commune).

« Mais une considération supérieure a contraint votre commission, continue M. Millerand, à écarter, sans qu'on pût d'ailleurs tirer de sa décision aucun préjugé défavorable, la solution à laquelle la conviaient les auteurs des deux premières propositions.

(1) Rapport n° 1982.

« Les charges minimum qu'imposeraient annuellement au budget les caisses nationales de chômage, ne se chiffreraient pas par moins de 18 millions. Si l'on peut légitimement prétendre que l'importance de ce crédit ne serait nullement disproportionnée à sa haute destination sociale, il faut reconnaître que choisir pour mettre sur le chantier une entreprise de cette taille, l'heure où le Parlement s'attaque au problème des retraites de la vieillesse, serait faire montre de beaucoup de légèreté et d'imprévoyance ».

Il s'agit donc de généraliser, en France, en attendant mieux, le système employé à Gand. C'est le vœu du Conseil supérieur du travail, dont se sont inspirées les propositions Chaumet, Dormoy, Siegfried, Dubief et Millerand.

Cette manière de voir fortement légitimée, au nom de la commission, il est fait appel aux patrons pour participer aux frais de l'assurance chômage.

« Ce devoir paraît plus particulièrement impérieux à une époque où de grandes industries, telles que celle du coton dans son récent congrès, adoptent le principe du chômage organisé et obligatoire dans tous les établissements « comme l'un des remèdes « les plus efficaces à la crise que subit, depuis trop « longtemps, l'industrie ».

« Il est évident, au reste, termine M. Millerand, que la solution que nous présentons n'a qu'un caractère transitoire. Son grand mérite est de mettre en relief le problème du chômage, *d'attirer sur sa gra-*

vité l'attention publique, de stimuler l'initiative pri-
vée, de venir en aide aux fédérations, aux syndicats,
aux sociétés de tous genres dans la même mesure où
ils auront fait des sacrifices ».

Voici le texte de la proposition de loi déposée pour sanctionner ces conclusions. Nous n'examinons pas ici les principes posés pour la répartition du crédit, nous réservant de le faire au moment où nous traiterons nous-même des données que nous considérons comme devant inévitablement présider à ce travail.

« Article unique. — Un crédit de 100.000 francs est offert au ministre du Commerce, sur l'exercice 1905, pour subventions aux caisses de secours contre le chômage involontaire par manque de travail.

« Le montant du crédit sera prélevé sur les ressources ordinaires de l'exercice 1905. Il sera réparti suivant les règles déterminées par un arrêté ministériel qui sera inséré au *Journal officiel* ».

Le 30 novembre 1904, à propos d'une question posée par M. Vaillant à M. le Ministre du Commerce, sur le chômage en général et sur les travaux de chômage, M. Millerand vient défendre les résolutions de la commission et exposer à nouveau l'économie de la proposition que nous venons d'examiner.

« En vous apportant ces propositions contre le chômage, votre commission d'assurance et de prévoyance sociales, dit M. Millerand, poursuit et vous demande de poursuivre avec elle, avec méthode, avec ténacité, le plan qu'elle s'est tracée, c'est-à-dire la lutte contre ce mal, l'un des plus cruels qui pèsent sur les hommes : l'insécurité ».

Et plus loin : « Mais en même temps qu'elle poursuit ce but, elle en poursuit un autre qui n'est pas moins important à mes yeux pour les destinées de ce pays. Loin d'endormir, comme nous en accusent des critiques plus ardents que réfléchis, loin d'endormir les énergies ouvrières, nous les éveillons, nous les stimulons (Très bien ! très bien !), mais, et c'est peut-être le grief secret qu'on ne nous pardonne pas, nous travaillons à les détourner des agitations verbales et vaines (Vifs applaudissements sur un grand nombre de bancs), pour les orienter vers des besognes de réalité et de paix.

« Nous voulons habituer les syndicats ouvriers à travailler au grand jour, à mériter le concours des pouvoirs publics par l'utilité de leur propre effort (Très bien ! très bien !). Et en agissant ainsi, nous croyons coopérer à une œuvre, qui, dans une démocratie comme la nôtre, mérite plus qu'aucune autre de solliciter le cœur et l'esprit de tous les hommes politiques dignes de ce nom : l'organisation, l'éducation des masses populaires » (Vifs applaudissements sur un grand nombre de bancs).

M. Doumer s'associait aux conclusions de M. Millerand au nom de la commission du budget et M. Engerand, approuvant sans réserves la proposition de la commission d'assurance et de prévoyance sociales, disait : « Et puisque je viens de parler des subventions accordées aux caisses de secours contre le chômage, je déclare que je voterai avec joie la proposition qui nous est faite en ce sens. Je crois en effet qu'elle aura pour résultat de multiplier des initiatives louables et généreuses. Les ouvriers y trouveront leur avantage, et j'ajoute : les patrons aussi, car je crois que si l'on parvient à atténuer ainsi dans ses conséquences, le mal du chômage, la production acquerra une souplesse que les nécessités de la concurrence, les caprices de la mode et l'irrégularité des commandes rendent de plus en plus désirable. Il arrive souvent qu'une bonne action se double d'une bonne affaire. Je crois que c'est le cas. » (Très bien ! très bien ! au centre et à droite).

Le crédit ne devait donc trouver que des votes favorables et il figure au budget de 1905 comme chapitre 25 du budget du Ministère du Commerce.

Reste à nous expliquer sur le mode de répartition des subsides.

La loi de finances porte :

Art. 55. — L'emploi du crédit ouvert au Ministère du Commerce, de l'Industrie, des Postes et des Télégraphes pour subventions aux caisses de secours contre le chômage involontaire sera réglé par un décret contresigné par le Ministre du Commerce, de l'Industrie, des Postes et des Télégraphes, et par le Ministre des Finances.

Un rapport annuel du Ministre du Commerce au

Président de la République, rendra compte du fonctionnement du service de la répartition du crédit.

Tels sont les textes. Le décret dont il y est fait état n'étant pas encore paru à la date où cette étude fut terminée, il nous reste à examiner dans quelles conditions, étant donnnées les intentions du législateur, ce décret pourra être rédigé, et de quelle manière le crédit pourra être réparti entre les caisses de chômage.

Nous allons donc isoler les points principaux dont il devra être tenu compte à notre avis.

A) Toutes les caisses de chômage quelles que soient leurs formes (mutualités, syndicats) auront droit à prendre part à la répartition du crédit (1).

B) Il ne nous semble pas nécessaire d'exiger que les membres actifs des caisses de chômage fassent partie d'une même corporation ou exercent des professions similaires. Les secours de l'Etat doivent aller aussi bien aux caisses où peuvent s'assurer tous les ouvriers d'une localité, sans distinction de métier, qu'aux caisses syndicales régies par la loi de 1884 (2).

Nous ne saurions donner ici la certitude que les rédacteurs du décret adopteront cette idée qui, cependant, nous a paru fort juste.

c) Les caisses devront posséder au moins un nombre minimum d'adhérents (3).

(1) Rapport de M Millérand, n° 1982, page 7.
(2) Loc. cit.
(3) Rapport cité.

D) Les caisses fédérales auront droit à des avantages plus grands.

E) Les caisses de chômage, pour être admises à la répartition, devront organiser un service de placement.

F) Elles devront avoir au moins 6 mois d'existence (1).

G) Des moyens de contrôle seront imposés à la caisse de chômage dont les livres seront distincts de ceux des syndicats et ne devront contenir que la comptabilité du chômage. A tout moment, un délégué du Ministre du Commerce pourra en demander communication.

H) Afin de répartir la subvention sur un nombre aussi grand que possible d'adhérents, le maximum d'indemnité de chômage pourra être fixé à 2 francs (2).

I) La durée maximum du droit à l'indemnité devra être fixée : 60 jours nous semblent une durée suffisante (3).

J) *Le taux de répartition devra reposer non seulement sur le produit des cotisations, mais aussi sur le chiffre des indemnités versées.* « De cette manière

---

(1) Cette condition de stage est admise un peu partout.

(2) Toutes les caisses de chômage se sont vu imposer cette condition pour bénéficier des subventions municipales.

(3) Toutes les caisses subventionnées, sauf Dijon.

on tiendra compte plus exactement des sacrifices réels escomptés » (1).

κ) Les sections locales d'une caisse fédérale subventionnée ne pourront être subventionnées que pour le complément de l'indemnité soit en valeur, soit en durée, que ne rembourse pas la fédération.

Ainsi une caisse fédérale ne rembourse à la caisse locale que 1 franc pour l'indemnité fixée à 2 francs : la caisse locale pourra demander à participer à la subvention pour le surplus.

L.) *Une caisse, pour bénéficier de subsides, devra avoir un minimum de cotisants.*

M) Les caisses fédérales bénéficieront d'un taux de subvention plus élevé que celui des caisses locales (2). La double échelle pourrait être fixée comme suit (3) :

10 °/₀ de la somme formée par les cotisations et les indemnités *pour les caisses locales.*

15 °/₀ de la somme formée par les cotisations et les indemnités *pour les caisses fédérales.*

N) Le taux devra être fixé annuellement suivant les disponibilités budgétaires qu'il ne pourra pas dépasser.

o) La répartition sera faite par une commission

(1) Rapport cité.
(2) Rapport cité.
(3) *Les Caisses de chômage.*

qui soumettra ses propositions établies d'après ces données au Ministre du Commerce. Cette commission sera constituée par le Ministre et devra comprendre au moins 1/3 de délégués des caisses de chômage au nombre de ses membres (1).

P) Il nous semble indispensable de n'accorder une subvention qu'aux caisses qui voudront s'engager à constituer une réserve dont le taux pourrait être fixé à l'avance (2).

Q) Une disposition transitoire devra être insérée au décret pour 1905. Les subventions seront basées sur les résultats de l'année entière et seront versées rétroactivement à dater du 1er janvier 1905.

Tel est l'état de la question.

Que devons-nous penser pour résumer les efforts tentés par nos syndicats ? Nous est-il possible d'espérer qu'ils atteindront le développement des syndicats anglais? Nous avons, en ce qui nous concerne, la conviction que le système de subventions activant le mouvement syndical, les caisses de chômage des ouvriers français seront, dans peu d'années, aussi florissantes que celles de leurs camarades anglais. L'intervention de l'État aura eu cette influence heureuse, la seule qu'elle puisse réellement avoir, d'abré-

(1) Par analogie avec Gand.

(2) La formation d'une réserve nous paraît indispensable au premier chef. Elle seule permettra de transformer la société de prévoyance, peu solide et souvent épuisée ou insuffisante des syndicats, en une caisse d'assurance-chômage dans le sens propre du mot.

ger la durée de formation, la période de tâtonnement qu'il importe de réduire en réduisant les souffrances des ouvriers sans travail.

Mais l'intervention de l'État sera-t-elle suffisante dans les limites où l'a conçue le législateur de 1905 ? Nous espérons fermement que, dès l'an prochain, le minime crédit voté sera trop restreint. Il sera trop restreint, parce que de nombreuses caisses de chômage vont se créer dans des cadres solides, ces cadres étant déterminés par l'État comme condition de son intervention. Il sera indispensable alors que, délaissant le ton platonique adopté jusqu'à ce jour au Palais-Bourbon, le législateur adopte une mesure obligeant le patron à contribuer aux sacrifices de la collectivité.

Sur le devoir des patrons, voici en quels termes s'exprimait, dans la séance du 10 novembre 1903, au Conseil supérieur du travail, M. Raoul Jay : « Dans l'organisation syndicale actuelle de l'assurance, toutes les charges sont supportées par les ouvriers. Or, j'estime que la contribution patronale devrait être, en toute justice, une des ressources des institutions d'assurance contre le chômage. Pour moi, c'est à l'industrie qu'il appartient de soutenir, de faire vivre le travailleur, aussi bien aux époques où la maladie, la vieillesse, le chômage ont fait tomber l'outil de ses mains, qu'aux époques de travail productif. Dans ma pensée, l'assurance ouvrière ne devrait pas être autre chose que l'industrie prenant la charge de ceux qui ne peuvent plus travailler. Ces hommes, aujourd'hui dans l'impossibilité de travailler, ils ont, lorsque leurs bras étaient robustes et le travail abondant, collaboré à la prospérité de l'industrie. On n'a pas le droit de les jeter dans la rue, en abandonnant le soin de les faire vivre à l'assistance publique ou privée. *(Vifs applaudissements)*. J'ajoute qu'il y a un grand intérêt pratique à faire supporter par l'industriel une partie au moins des charges de l'assurance contre le chômage. On amènera peut-être ainsi certains industriels à se préoccuper davantage de la façon dont la production est organisée dans leur établissement ».

C'est cette idée que le Conseil supérieur du travail a formulée dans ce vœu : « Le Conseil supérieur estime qu'il est du devoir du patronat d'apporter son concours aux caisses de chômage. »

Ce devoir apparaît plus particulièrement impérieux à une époque où de grandes industries, telles que celle du coton, dans son récent congrès, adoptent le principe du chômage organisé et obligatoire dans tous les établissements « comme l'un des remèdes les plus efficaces à la crise que subit depuis trop longtemps l'industrie » (1).

Nous ne serions pas éloigné de concevoir un système de taxe analogue à celui que proposait M. J.

_____

(1) Rapport de M. Millerand, déjà cité.

Coutant pour doter de revenus une caisse nationale de chômage.

Sur l'ensemble des forces motrices employées dans l'industrie, une taxe annuelle serait perçue au profit de l'Etat. Et cette taxe frappant réellement l'élément de la production, réellement celui qui profite, soit du travail forcé, cause de chômage, soit du mechinisme, autre cause de chômage, constituerait le fonds que l'Etat répartirait à titre de subvention aux caisses de chômage. M. Jules Coutant estimait à plus de 30 millions de chevaux la force employée dans l'industrie. On voit quelle base importante de ressources l'Etat aurait trouvé pour ses chômeurs en frappant seulement chaque cheval-vapeur d'une taxe de 1 fr. par an.

Puisse l'effort des syndicats devenir si intense que les crédits étant insuffisants on ait recours à notre idée, si on la juge applicable.

Tout différent serait le résultat que produirait la création d'une caisse nationale, obligatoire ou non. Si nous considérons que les subventions de l'Etat, des départements et des communes développeront les caisses syndicales de chômage, par là même les syndicats, disciplinant et rendant clairvoyante l'action ouvrière, la caisse de chômage nationale obligatoire les désagrégerait, n'en faisant plus qu'un instrument de résistance parfois inconsidérée.

Les syndicats ouvriers se trouveraient réduits au rôle de parlote politique, d'officine à grève, alors

qu'une mission plus grande, plus utile, leur a été
attribuée dans le monde des salariés : la représenta-
tion des intérêts de tous, le mutuel secours entre
tous les faibles, pour la formation d'une force ouvrière consciente, probe, dégagée de toute haine, de
toute envie, parce qu'elle sera assurée dans une
aussi large mesure que possible de sa vie de chaque
jour.

TABLE DES MATIÈRES

                                                        Pages

Bibliographie.

Introduction 1

LIVRE PREMIER

LE CHOMAGE

Chapitre premier. — I. Le chômage. — II. Ses
causes. — III. Ses effets. — IV. Statistique du
chômage.. 7

Chapitre II. — I. Les moyens proposés pour supprimer le chômage.—II. Tentatives d'assurances
contre le chômage. — III. Plan de l'ouvrage.... 27

LIVRE II

Chapitre premier. — I. Le mouvement syndical en
Belgique et la question du chômage. — II. La
tentative de Liège. — III. Tentatives diverses.
— IV. Les Caisses de chômage et le Parlement
belge.. 47

Chapitre II. — Le fonds de chômage de l'agglomération gantoise 61

CHAPITRE III. — I. Influence du fonds gantois en Belgique. — II. Les Fonds de chômage devers Anvers 1902, Bruges 1902, Louvain 1903, Malines 1903. — III. Bruxelles...................... 85

LIVRE III

CHAPITRE PREMIER. — I. Les caisses syndicales de chômage en France. — II. Valeur réelle de ces caisses. — III. Vue d'ensemble. — IV. Situation juridique des caisses syndicales de chômage.... 107

CHAPITRE II. — Quelques pages d'histoire syndicale. 117

CHAPITRE III. — I. Les ouvriers chapeliers de Paris. — II. Coupeurs et brocheurs de chaussures de Paris. — III. Les ouvriers céramistes de Limoges. — IV. Les industries polygraphiques : *a*) Lithographes ; *b*) Typographes ; Fédération des Travailleurs du Livre. — V. Situation des chômeurs ayant épuisé leur droit à l'indemnité ; leur nombre ; leur proportion............ 127

LIVRE IV

CHAPITRE PREMIER. — Les caisses syndicales subventionnées par les municipalités. — I. Dijon. — II. Limoges. — III. Lyon. — IV. Amiens. — V. Reims..................................... 165

CHAPITRE II. — Les caisses fédérales du département du Cher. — I. Bourges. — II. Vierzon. — III. Mehun-sur-Yèvre......................... 187

CHAPITRE III. — Projets de subventions de la ville de Paris aux caisses de chômage.............. 197

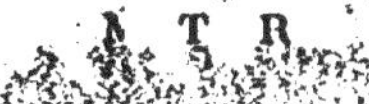

LIVRE V

CHAPITRE PREMIER. — I. Intervention de l'Etat en matière de chômage. Comment on peut la concevoir. — II. Examen des principales propositions parlementaires................................... 207

CHAPITRE II. — Le Conseil supérieur du travail et les causes de chômage (12ᵉ session, novembre 1903)... 223

CHAPITRE III. — I. La proposition de loi présentée au nom de la commission d'assurance et de prévoyance sociales (21 octobre 1904). —.II. Discussion à la Chambre des Députés (30 novembre 1904). — III. Comment pourrait être réparti le crédit inscrit au budget de 1905. — IV. Conclusion... 233